Y FENYW
DDAETH
O'R MÔR

Y FENYW DDAETH O'R MÔR

Henrik Ibsen

Trosiad gan Menna Elfyn

Gomer

Cyhoeddwyd yn 2015 gan
Wasg Gomer, Llandysul, Ceredigion SA44 4JL
www.gomer.co.uk

ISBN 978 1 78562 010 2

Cyhoeddir gyda chymorth ariannol
Cyngor Llyfrau Cymru.

Cyhoeddwyd gyda chydweithrediad Theatr Genedlaethol Cymru;
Mae Theatr Genedlaethol Cymru yn derbyn cymorth ariannol
gan Gyngor Celfyddydau Cymru.

Comisiynwyd y trosiad i'r Gymraeg o'r ddrama wreiddiol
gan Henrik Ibsen yn y Norwyeg, *Fruen fra havet*
gan Theatr Genedlaethol Cymru.

Argraffwyd a rhwymwyd yng Nghymru gan
Wasg Gomer, Llandysul, Ceredigion.

Rhagair

Nid ar chwarae bach y mae trosi drama o waith un o ddramodwyr mawr y byd, sef Henrik Ibsen. Ond y mae cyfieithu dramâu mawr yn ffordd hefyd o gofleidio gweithiau a fydd yn dyfnhau ein dealltwriaeth o'r cyflwr dynol mewn iaith sy'n agos atom. Dim ond wrth ddynesu at aelwyd y ddrama y medrwn gael mynediad iddi; daw llenyddiaeth cenedl arbennig fel Norwy yn rhan o bantheon y byd benbaladr yn sgil hynny.

Wrth fynd at y ddrama, yr oeddwn yn ymwybodol iawn o'r dasg o droi *Y Fenyw Ddaeth o'r Môr* i'r Gymraeg gan fod haenau amrywiol ynddi. Mae'r cymeriadau i gyd yn rhai cymhleth, a datgelir hynny wrth i'r ddrama fynd rhagddi. Ond rhaid oedd ymgodymu â'r iaith lafar hefyd wrth geisio dadlennu eu cymhlethdod. Ceisiais greu naws dafodeithol ddeheuol orllewinol gan blethu ieithwedd ffurfiol i'r ddeialog. Yr un anoddaf i'w phortreadu wrth gwrs oedd Elida ac mae ei hymddieithredd o'r byd go iawn yn gydwedd â'r ffaith ei bod wedi ei daearu yn gymeriad o gig a gwaed.

Yr hyn sy'n apelio ataf yn bennaf am y ddrama hon yw i Ibsen greu sefyllfa sydd yn gyfoes, a hynny er iddi gael ei llwyfannu gyntaf yn 1888. Mae'n thema hynod o ffeminyddol er iddi gael ei llunio mewn cyfnod pan oedd y wraig yn ddarostyngedig i'w gŵr. Dyna oedd rhan o'r apêl i'w throsi wrth i mi ymrafael â'r gwewyr sy'n wynebu Elida. Ydy 'dychryn' yn air cryfach nag 'arswyd'? Ydy 'ewyllys rydd' yn derm rhy athronyddol o'i gymharu â'r geiriau 'o'i gwirfodd'? Yn aml geiriau unigol a'm cadwodd yn effro ar ambell noson gan achosi i mi ymrafael â'r geiriau hynny a bu Siri Wigdel hefyd yn gymorth hawdd-ei-chael fel brodor o Norwy yn hyn o beth.

Roedd lleoliad y ddrama yn un diddorol a theimlais yr un math o awyrgylch ar ymweliad â Norwy ddiwedd un haf yn y saithdegau. Ceisio deall y dirwedd oedd raid felly ac ymuniaethu â'r sefyllfa o fod ar dir oedd yn gaeëdig. Yn ddiweddar, mewn arddangosfa, ceisiodd Ciara Healy gyfleu y nodweddion anghydwedd sydd mewn tirwedd yn llên gwerin Ewrop. Y syniad yna o fyw mewn mwy nag un byd-olwg ar yr un pryd yw un o nodweddion y ddrama gyda'r dyhead am y môr fel llithiwr a hynny ochr yn ochr â thir solet y daearolion.

Rhyw lanw a thrai hefyd yw hynt a helynt trosi drama pum act – bu cyfnodau felly, a distyll y don ar adegau yn gwneud i rywun gamu'n ofalus yn ôl tuag at glydwch y lan. Gwelwyd ambell greigbwll afloyw o ran beth oedd ar waelod gair, gydag ambell storm yn hyrddio ei hun at greigiau'r Gymraeg. Ond fel un a fu bron â boddi yn y Pasiffig rai degawdau yn ôl, ond sy'n dal i nofio mor aml ag sy'n bosibl, gwn hefyd mor ddyrys yw dyfnderoedd y môr ac mor arswydus ei rym. Ond priod waith y cyfieithydd yw dal cragen gain ar y traeth, ei dal i fyny i'r golau ac at y glust nes clywed gorfoledd y môr a'i wae. Gobeithiaf y bydd adleisiau o'r ddrama yn parhau i seinio wedi i'r llen ddisgyn.

Bu'n bleser cydweithio gyda chriw mor egnïol a brwdfrydig â'r cwmni cenedlaethol a'r cyfarwyddwr Arwel Gruffydd ac o safbwynt y gwaith, bu fel diwrnod braf o groesi traeth a rhyfeddu at y môr gyda hwy.

Menna Elfyn

Perfformiwyd gyntaf gan Theatr Genedlaethol Cymru yn
Theatr y Torch, Aberdaugleddau, 26 Chwefror, 2015

Cast Gwreiddiol

Heledd Gwynn	Elida
Dewi Rhys Williams	Dr Wangel
Elin Llwyd	Bolette
Sian Davies	Hilde
Richard Elis	Arnholm
Sion Alun Davies	Lyngstrand
Seiriol Tomos	Ballested
Sion Ifan	Y Dieithryn

Arwel Gruffydd   Cyfarwyddwr

Max Jones   Cyd-Gynllunydd

Ruth Hall   Cyd-Gynllunydd

Ceri James   Cynllunydd Goleuo

Dan Lawrence   Cyfansoddwr

Matt Jones   Cynllunydd Sain

Steffan Gwynn   Cyfarwyddwr Cynorthwyol

Patrick Rimes   Cynorthwy-ydd Cerdd

Anwen Francis   Marchnata a Chyfathrebu

Angharad Davies   Pennaeth Cynhyrchu

Dyfan Rhys   Rheolwr Cynhyrchu

Gareth Roberts   Rheolwr Llwyfan

Claudia Bryan Joyce   Dirprwy Reolwr Llwyfan

Caryl McQuilling   Rheolwr Llwyfan Cynorthwyol

Brynach Higginson   Rheolwr Llwyfan Cynorthwyol

Daniel Jones   Technegydd Cynorthwyol

Gareth Brierley   Peirianydd Sain

Geraint Desmond   Gweithredydd Sibrwd

Nia Lynn   Hyfforddwr Llais

Helen Rogers   Gwisgoedd

Staff Theatr Genedlaethol Cymru

Arwel Gruffydd   Cyfarwyddwr Artistig

Sara Lloyd   Cyfarwyddwr Cyswllt

Angharad Davies   Pennaeth Cynhyrchu

Carys Ifan   Uwch Gynhyrchydd

Dyfan Rhys   Rheolwr Technegol

Daniel Jones   Cynorthwy-ydd Cynhyrchu

Lowri Johnston   Rheolwr Marchnata a Chyfathrebu

Anwen Francis   Rheolwr Marchnata a Chyfathrebu Dros Dro

Llinos Jones   Cynorthwy-ydd Marchnata a Chyfranogi

Fflur Thomas   Cynhyrchydd Cyswllt

Angharad Jones Leefe   Pennaeth Cyllid a Gweinyddiaeth

Meinir James   Cyfrifon

Nesta Jones   Swyddog Cyllid a Gweinyddiaeth

Catrin Davis   Cynorthwy-ydd Artistig

Geraint Desmond   Prentis Digwyddiadau Byw a Hyrwyddo

Steffan Gwynn   Prentis Digwyddiadau Byw a Hyrwyddo

Act Un

Tŷ Dr Wangel. Ar y chwith mae feranda dan do llydan. Yn y tu
blaen, ac o gwmpas y tŷ, mae gardd. Islaw'r feranda, mae polyn
baner. Ar y dde, yn yr ardd, mae stafell gyda bwrdd a chadeiriau.
Yn y cefndir, clawdd a chlwyd fechan. Tu ôl i'r clawdd, llwybr ar hyd
y traeth, wedi ei gysgodi gan goed. Trwy'r coed gallwn weld ffiord,
gyda chopaon y mynyddoedd yn codi yn y pellter. Mae'n ddiwrnod
cynnes a bore clir o haf.

Mae Ballested, canol oed, wedi ei wisgo mewn siaced felfed a
chyda het cantel lydan ac mae'n sefyll o dan y polyn baner yn ceisio
gweithio'r lein. Mae'r faner ar orwedd. Nid nepell i ffwrdd mae îsl
gyda chanfas arno. Ac yn ei ymyl gadair blyg, sy'n dal ei frwshys, ei
balet a'i flwch peintio.

Daw Bolette drwy'r drysau agored sy'n arwain at y feranda.
Mae'n cario llestr dal blodau, ac yn ei osod ar y bwrdd.

Bolette   Wel, Ballested, allwch chi ddod i ben â fe?

Ballested   Yn go rwydd, Miss Bolette. Oes ymwelwyr yn dod
                 'ma heddi?

Bolette   Oes fel ma'n digwydd. Ni'n disgwyl Mr. Arnholm –
                 bore 'ma. Gyrhaeddodd e'r dre, neithiwr.

Ballested   Arnholm? Rhoswch funud. Roedd 'na Arnholm yn
                 diwtor 'ma rai blynydde 'nôl?

Bolette   Fe yw e.

Ballested   Ac mae e 'nôl yn yr hen fro 'te?

Bolette   'Na pam y'n ni'n codi'r faner.

Ballested   Wela i.

Mae Bolette yn mynd yn ôl i mewn ac eiliadau wedyn, mae
Lyngstrand yn ymddangos yng nghanol y ffordd gan aros, edrych
ar yr îsl a'r paent. Dyn ifanc, tenau, gwanllyd braidd, ond wedi ei
wisgo yn drwsiadus, eto, ymddengys yn fregus.

Lyngstrand   *(Ar ochr arall y clawdd)* Bore da.

Ballested   *(Troi o gwmpas)* O, bore da. *(Halio'r faner)* Dyna ni.
Lan â hi. *(Clymu'r rhaffau, yna yn troi at yr îsl)* Sai'n
credu'n bod ni wedi cwrdd –

Lyngstrand   Mae'n rhaid mai artist y'ch chi?

Ballested   Ie, 'na ni. Unrhyw beth o'i le ar –

Lyngstrand   Na. Ga' i bip?

Ballested   Chi eisie gweld?

Lyngstrand   Os ga' i.

Ballested   'Sdim llawer i'w weld 'to. Wel, os chi eisie, croeso,
dewch mewn.

Lyngstrand yn dod i mewn trwy'r glwyd.

Lyngstrand   Diolch.

Ballested   Newydd fod yn gweithio ar ran o'r ffiord – mas fan'na.

Lyngstrand   Ie, wela i.

Ballested   Heb ddechre ar y ffigwr 'to, gwaetha'r modd – ca'l
hyd i fodel yn y dre 'ma ddim yn rhwydd.

Lyngstrand   O, y'ch chi'n mynd i roi ffigwr yn y llun?

Ballested   Ie, wi'n mynd i roi môr-forwyn sydd ar drengi ar y
graig, yn y cefndir.

Lyngstrand	Pam mae'n rhaid iddi fod ar fin marw?
Ballested	Wel, ei golchi i'r lan a ffaelu ffeindo'i ffordd 'nôl. A 'na ble ma hi – mewn pwll bach o ddŵr.
Lyngstrand	O, wi'n gweld.
Ballested	Meistres y tŷ roddodd y syniad i fi.
Lyngstrand	A beth y'ch chi am ei alw fe?
Ballested	*Tranc y Fôr-forwyn*, wi'n credu.
Lyngstrand	Ardderchog – swnio'n dda
Ballested	*(Yn edrych arno)* Y'ch chi yn y math 'ma o waith, falle?
Lyngstrand	Peintiwr? Fi?
Ballested	Ie.
Lyngstrand	Hans Lyngstrand gyda llaw. Na, cerflunydd wi i am fod.
Ballested	Cerflunydd, ife? Wel ma cerflunio'n gelfyddyd gain ofnadwy. Credu i fi'ch gweld chi o bell yn y dre, unwaith neu ddwy. Wedi bod 'ma'n hir?
Lyngstrand	Prin bythefnos. Ond am aros 'ma os alla i tan ddiwedd yr ha'.
Ballested	Aer y môr, ife?
Lyngstrand	Ie, magu nerth, cryfhau.
Ballested	Iechyd yn fregus?
Lyngstrand	Braidd yn wanllyd – dim byd o bwys. Sgyfaint.
Ballested	Hwnna'n ddim byd. Er 'run pryd, falle y dylech chi weld doctor.

11

Lyngstrand   Ie, leiciwn i weld Dr Wangel ryw bryd – os alla i.

Ballested   Ie, ddylech chi. *(Edrych i'r chwith)* O, drychwch,
             stemar arall yn cyrradd llawn dop o ymwelwyr.
             Ymwelwyr yn llifo mewn y dyddie 'ma.

Lyngstrand   Ie wir.

Ballested   Shwd gymaint o bobl yn treulio'r ha' 'ma hefyd. Poeni
             weithie y bydd ein tre fach neis ni'n colli'i chymeriad.

Lyngstrand   Wedi'ch geni a'ch magu 'ma?

Ballested   Ddim yn gywir, er, ar ôl bod 'ma mor hir, teimlo'n
             rhan o'r lle bron iawn.

Lyngstrand   Wedi byw 'ma'n reit hir 'te?

Ballested   Agos i ddeunaw mlynedd i gyd. Dod 'da chwmni
             theatr – aeth i Dre-din, a chwalodd y cwmni i'r
             pedwar gwynt.

Lyngstrand   Ond arhosoch chi?

Ballested   Do. A braf fy myd. Chi'n gweld, 'y ngwaith i oedd
             peintio'r golygfeydd – y sîneri, chi'n gwbod.

Daw Bolette allan gyda chadair siglo ac mae'n ei gosod ar y feranda.

Bolette   Hilde, wnei di ffindio'r stôl fach 'na i Tada?

Lyngstrand   *(Â i'r feranda)* Bore da, Miss Wangel.

Bolette   *(Ger canllaw'r balconi)* O, Mr Lyngstrand? Bore da.
             Sgusodwch fi am funud, rhaid i fi –

Â Bolette i mewn i'r tŷ.

Ballested   Chi'n nabod y teulu felly?

Lyngstrand	Ddim yn hollol. Wedi cwrdd â'r ddwy ferch gwpwl o weithie yn gymdeithasol a wedi cael sgwrs 'da Mrs Wangel y tro diwetha roedd cyngerdd lan ar yr Orwelfa. Dwedodd y gallwn i ymweld rywbryd.
Ballested	Wel, dylech ddod i'w nabod yn well.
Lyngstrand	Ie, wedi bygwth galw. Eisie esgus 'na gyd.
Ballested	Esgus? Pam? I beth? *(Edrych allan ar ei chwith)* Damo shwd beth. *(Casglu ei stwff)* Ma'r stemar wedi cyrraedd y cei'n barod. Well i finne hastu 'nôl i'r gwesty. Falle y bydd y newydd ddyfodiaid am 'y ngwasanaeth. Trin gwallt hefyd chi'n gweld.
Lyngstrand	Chi'n ddyn amryddawn.
Ballested	Mewn tre fach rhaid troi'ch llaw at bopeth. Rhyw gy...gynefino. Os y'ch chi am dwtio'ch gwallt – 'bach o faldod ar eich copa? Gofynnwch am Academi Ddawnsio Ballested.
Lyngstrand	Athro dawns?
Ballested	A Llywydd Cymdeithas y Band Pres, os gwelwch yn dda! Y'n ni'n cynnal cyngerdd heno lan ar yr Orwelfa. Wel, ddaw fory ddim cyn heddi. Da boch.

Mae'n casglu ei offer peintio ac yn mynd allan trwy glwyd yr ardd. Daw Hilde gyda stôl droed, a Bolette gyda rhagor o flodau. Mae Lyngstrand yn codi ei het i Hilde o'r ardd.

Hilde	*(Ger canllaw'r balconi ond nid yw'n dychwelyd ei gyfarchiad)* Wedodd Bolette i chi ddod i'r ardd yn gynharach.
Lyngstrand	Do, fe wnes i fentro –

Hilde	Mynd am dro y bore 'ma oeddech chi?
Lyngstrand	Tro bach sydyn iawn o'dd e, gwaetha'r modd.
Hilde	Nofio ife?
Lyngstrand	Ddim rhyw lawer. Weles i'ch mam lawr 'na, ar ei ffordd i newid.
Hilde	Pwy?
Lyngstrand	Eich mam.
Hilde	O, do fe?

Mae'n rhoi ei stôl o flaen y gadair siglo.

Bolette	*(Yn torri ar draws)* Weloch chi 'nhad mas ar y ffiord?
Lyngstrand	Do, wi'n meddwl. Weles i fad yn hwylio i'r lan.
Bolette	Tada siŵr o fod. Dod 'nôl o'r ynysoedd, gweld cleifion mas 'na. *(Mae'n gosod pethau ar y bwrdd).*
Lyngstrand	*(Cymryd cam i fyny'r grisiau ar y feranda)* Gogoniant – drychwch ar yr holl flode – hyfryd iawn.
Bolette	Odyn, ma nhw'n eitha pert.
Lyngstrand	Rhagorol! Oes 'na ddathliad teuluol?
Hilde	'Na beth yw e.
Lyngstrand	Dyna feddylies i hefyd. Pen-blwydd eich tad, falle?
Bolette	*(Yn rhybuddiol)* La la la.
Hilde	*(Mae'n ei hanwybyddu)* Na, pen-blwydd Mam.
Lyngstrand	Eich mam?
Bolette	*(Mewn llais isel, crac)* Jawch erio'd Hilde.

Hilde	*(Yr un dicter)* Hist. *(I Lyngstrand)* Ar eich ffordd i'r gwesty, ife?
Lyngstrand	*(Lawr y grisiau)* Ie, mae'n amser ca'l pryd bach o fwyd.
Hilde	O, ma hi siŵr o fod yn neis – cael sefyll yn y gwesty.
Lyngstrand	Nag yw wir. Rhy ddrud o lawer.
Hilde	Ble y'ch chi'n aros, te?
Lyngstrand	Gyda Mrs Jensen.
Hilde	Pwy?
Lyngstrand	Y fydwraig.
Hilde	Wel, sgusodwch fi newch chi Mr Lyngstrand, 'da fi lwyth i neud.
Lyngstrand	O diar, ddylwn i ddim fod wedi dweud.
Hilde	Gweud beth?
Lyngstrand	Yr hyn wedes i.
Hilde	*(Edrych yn ddirmygus arno)* 'Sdim syniad 'da fi am be chi'n sôn.
Lyngstrand	Na, na, wrth gwrs. Wel mae'n well i fi ei throi hi. Dydd da ichi'ch dwy.
Bolette	*(Dod ymlaen at y grisiau)* Da bo'ch, Mr Lyngstrand. Ac esgusodwch ni. Ryw ddiwrnod arall, pan fydd amser 'da chi – os y'ch chi mo'yn, galwch draw i weld Tada – a ni i gyd.
Lyngstrand	O diolch yn fawr. Fyddwn i wrth fy modd.

15

Mae'n codi ei het ac yn gadael trwy glwyd yr ardd. Ac wrth iddo gerdded ar hyd y ffordd, mae'n codi ei het wrth fynd.

Hilde — *(Mewn llais isel) Adieu Monsieur!* Cofiwch fi at Anti Jensen!

Bolette — *(Yn dawel gan ysgwyd ei braich)* Hilde! Ti'n rial sgaden. 'Na beth hanner call a dwl i neud. Alle fe fod 'di dy glywed di.

Hilde — Sai'n becso taten!

Bolette — A – ma Tada 'ma.

Mae Wangel yn gwisgo dillad teitho gan gario bag bychan ac yn dod i mewn o'r llwybr.

Wangel — Wel, ferched bach, gartre o'r diwedd. *(Daw trwy glwyd yr ardd)*

Bolette — *(Mynd lawr ato at waelod yr ardd)* O Tada, wi mor falch eich bod chi 'nôl.

Hilde — *(Mynd lan ato hefyd)* Chi'n rhydd am y dydd?

Wangel — O na, na, bydd gofyn i fi fynd i'r feddygfa am awr neu ddwy. Ond dwedwch, ddoth Mr Arnholm?

Bolette — Do, neithiwr – dyna wedodd rhywun o'r gwesty.

Wangel — Ond 'dych chi ddim wedi'i weld e 'to?

Bolette — Na, ond fydd e'n siŵr o alw pnawn 'ma.

Wangel — Chi'n iawn, mae e'n saff o neud.

Hilde — *(Tynnu ei fraich)* Tada, drychwch.

Wangel — *(Edrych lan ar y feranda)* O, wela i, da merch i. Hyfryd.

Bolette	Naethon ni'n gore i'w neud yn bert.
Wangel	Do wir. Ai dim ond y ni sydd 'ma?
Hilde	Ie, ma hi 'di mynd.
Bolette	(*Mae'n torri ar draws yn sydyn*) A'th Mam lawr at y dŵr.

Mae Wangel yn edrych yn gariadus ar Bolette ac yn rhoi ei law ar ei chorun. Yna, yn betrusgar:

Wangel	Nawr drychwch ferched. Ai fel 'ma chi'n mynd i fod drwy'r dydd? Y faner hefyd.
Hilde	Tada, wrth gwrs y'n bod ni.
Wangel	Ie, ond … dy'ch chi ddim yn meddwl –
Bolette	(*Yn gellweirus*) Ond be sy eisie i chi ddeall yw i ni neud hyn i ddangos parch at Mr Arnholm. Pan ma hen ffrind yn dod i alw a heb fod ers –
Hilde	(*Gwenu a siglo ei fraich*) Wedi'r cwbwl, roedd e'n arfer bod yn diwtor i Bolette.
Wangel	(*Â gwên blyg*) Am ddwy haden! Wel, ma'n debyg ei fod e'n naturiol i gofio'r sawl sy wedi'n gadael. Dal hwn, Hilde. (*Rhoi'r bag iddi*) A cher ag e i'r feddygfa, 'nei di? Ond na, ferched, dwi wir ddim yn cytuno â'r ffordd bob blwyddyn y'ch chi … yn ei neud e. Bob blwyddyn – y ddefod 'ma – ond wedyn beth alla i weud?

Hilde ar fin mynd allan o'r ardd gyda'r bag ond yna'n oedi, troi, a phwyntio.

Hilde	Drychwch – ma rhywun yn dod. Ife Mr Arnholm yw e?

Bolette	*(Edrych i'r cyfeiriad a lawr y bryn)* Pwy? Fe? *(Chwerthin)* Ti'n siŵr? Ond ma'n drychyd yn ganol oed?
Wangel	Diwedd annwyl. Ie dwi'n weddol siŵr mai 'na pwy yw e.
Bolette	*(Rhythu mewn syndod)* Bois bach. Y'ch chi'n iawn.

Mae Arnholm mewn gwisg drwsiadus, sbectol aur ac yn cario ffon denau, yn cerdded i fyny'r llwybr o'r chwith. Mae'n edrych yn flinedig. Edrycha tua'r ardd, rhoi chwifiad cyfeillgar, ac yna'n cerdded tua'r glwyd.

Wangel	*(Mynd i'w gyfarch)* Wel croeso, frawd annwyl. Croeso 'nôl. Braf eich gweld chi 'to.
Arnholm	Diolch Dr Wangel. Am groeso twymgalon.

Ysgwyd dwylo a cherdded i fyny'r ardd gyda'i gilydd.

Arnholm	A dyma'r merched. *(Ysgwyd eu dwylo hwy ac edrych arnyn nhw)* Fydden i ddim wedi nabod yr un ohonyn nhw.
Wangel	Na, maen nhw wedi prifio.
Arnholm	Falle Bolette – wi'n credu falle y byddwn wedi'i nabod hi.
Wangel	Dwi'n amau hynny. Ma wyth neu naw mlynedd ers i chi ei gweld hi ddwetha. Newidiadau mawr wedi digwydd 'ma.
Arnholm	*(Edrych o gwmpas)* Ddim felly. Ambell goeden wedi tyfu, wrth gwrs, a'r deildy yn yr ardd.
Wangel	O dwi ddim yn sôn am y pethe tu fas.

Arnholm	*(Gan wenu)* Ac wrth gwrs ma gyda chi nawr ddwy ferch landeg yn barod i briodi o'ch cwmpas chi.
Wangel	Wel, ma 'na un falle.
Hilde	*(Dan ei hanadl)* Tada, diolch yn fawr!
Wangel	Beth am i ni fynd lan at y feranda? Mae 'na awel fach yn fanno. Ewch chi gynta.
Arnholm	Diolch doctor – diolch i chi.

Ânt i fyny. Mae Wangel yn ei gyfeirio tuag at y gadair siglo.

Wangel	Dyna ni. Eisteddwch a chymrwch bethe yn eich pwyse. Chi weld yn flinedig – ar ôl y daith falle?
Arnholm	Na, dyw e'n ddim byd. Mae'r aer 'ma mor –
Bolette	*(I Wangel)* Pam na ddown ni â sinsir bîr i stafell yr ardd? Fydd hi'n berwi 'ma cyn bo hir.
Wangel	Syniad ardderchog, sinsir bîr. A beth am ddiferyn bach o Cognac?
Bolette	Cognac?
Wangel	Diferyn? Rhag ofn ... ei flas 'na gyd.
Bolette	Iawn te.
Wangel	Hilde, wnei di fynd â'r bag i'r feddygfa i mi?

Mae Bolette yn mynd i'r stafell ac yn cau'r drws ar ei hôl. Mae Hilde yn cymryd y bag ac yn mynd allan trwy'r ardd ac at gefn y tŷ.

Arnholm	*(Wedi gwylio Bolette)* Am ferch hyfryd ... nhw'u dwy wedi tyfu'n ferched hardd.
Wangel	*(Eistedd)* Odyn wir.

Arnholm	Mae Bolette yn dipyn o syrpreis – a hithe Hilde. Ond beth amdanoch chi, ddoctor annwyl. Chi am aros 'ma, am byth?
Wangel	Wel siŵr o fod. Wedi 'ngeni a'm magu 'ma. A fan hyn – byw'n ddedwydd gyda 'ngwraig cyn iddi gael ei dwyn oddi arnon ni, mor ifanc – wrth gwrs Arnholm, oeddech chi'n ei nabod hi pan oeddech chi 'ma.
Arnholm	Oeddwn wir.
Wangel	A nawr wi'n byw'n hapus gyda'r sawl a gamodd i'w lle. Odi, ma ffawd wedi bod yn dda wrtho i – ar y cyfan.
Arnholm	Does 'na ddim plant o'r ail briodas?
Wangel	Gawson ni fachgen bach, ddwy neu dair blynedd 'nôl. Ddim am hir. Rai misoedd oed oedd e.
Arnholm	Dyw'ch gwraig ddim 'ma heddi?
Wangel	Bydd hi 'nôl cyn hir. Wedi mynd lawr at y dŵr. Mae'n nofio bob dydd 'radeg 'ma o'r flwyddyn, ta beth yw'r tywydd.
Arnholm	Ydy hi'n anhwylus?
Wangel	Ddim yn anhwylus, fel allai i weud – yn y blynydde dwetha – nerfau gwael bob hyn a hyn. Methu'n lân dod at wraidd y peth. Ond ma hi – wrth ei bodd yn y dŵr. Ei neud hi deimlo'n 'fyw', medde hi.
Arnholm	Dwi'n cofio'n iawn.
Wangel	*(Gyda gwên)* Ie, wrth gwrs – chi'n nabod Elida er pan oeddech chi'n diwtor allan yn Skjoldvik.

Arnholm	Ie, dyna ni. Bydde hi'n dod i'r ficerdy weithe. Ond byddwn yn ei gweld hi fynycha wrth bo fi'n mynd i'r goleudy i weld ei thad.
Wangel	Yna, chi'n deall yn iawn beth yw gafel y lle 'na arni. Dyw pobl y dre ddim yn ei deall o gwbl, ei galw – 'y fenyw ddaeth o'r môr'.
Arnholm	Wir?
Wangel	Ie, a 'na pam leiciwn i chi Arnholm siarad â hi am yr hen ddyddie 'na. Bydde'n gwneud lles mawr iddi.
Arnholm	*(Yn edrych yn amheus)* Y'ch chi wir yn meddwl hynny?
Wangel	Berffaith siŵr …
Elida	*(Ei llais i'w glywed o du allan i'r ardd)* Chi sydd hynny Wangel?
Wangel	*(Codi)* A, cariad – fan hyn.

Mae Elida yn ymddangos gyda siôl ysgafn drosti a'i gwallt hir, gwlyb yn gorwedd dros ei hysgwyddau. Mae Arnholm yn codi.

Wangel	*(Gan wenu, mae'n dal ei ddwylo allan at ei wraig)* Felly dyma'r 'fenyw ddaeth o'r môr'.
Elida	*(Yn mynd yn gyflym i fyny i'r feranda a chydio yn ei law)* Diolch fyth eich bod chi 'nôl. Pryd gyrhaeddoch chi?
Wangel	Newydd ddod *(Pwyntio at Arnholm)* Wel – chi ddim am groesawu hen ffrind?
Elida	*(Yn dal ei llaw allan i Arnholm)* O, daethoch chi – a finne ddim gartre.
Arnholm	O, doedd dim gwahaniaeth.

Wangel	Sut o'dd y dŵr heddi. Braf?
Elida	Dyw e byth yn braf. Mae'n farwaidd. Ych, mae dŵr y ffiord yn afiach.
Arnholm	Afiach?
Elida	Ie, afiach. Ac mae'n neud pobl yn sâl.
Wangel	*(Gan wenu)* Dy'ch chi ddim yn rhoi enw da i'r lle 'ma fel tre i ymwelwyr.
Arnholm	Dwi'n credu mai chi, Mrs Wangel sy â pherthynas arbennig â'r môr agored a phob dim amdano.
Elida	Falle wir, 'na be wi'n ei feddwl weithe. Ond drychwch mor wych mae'r merched wedi addurno'r lle er eich mwyn chi.
Wangel	*(Yn embaras)* O – *(Mae'n edrych ar ei oriawr)* wel, mae'n bryd i fi fynd.
Arnholm	Hyn i gyd er fy mwyn i?
Elida	Wrth gwrs. Dyw hi ddim fel 'ma bob dydd. O, mae hi mor dwym 'ma. *(Mynd lawr at yr ardd)* Dewch i lawr fan hyn. O leia mae 'na awel fach 'ma. *(Mynd i eistedd yn y deildy)*
Arnholm	*(Yn mynd ati)* O, ac awel fwyn yw hi hefyd.
Elida	Wel ry'ch chi'n gyfarwydd ag awyr y brifddinas. Mae'r lle'n fogfa'n yr haf siŵr o fod.
Wangel	*(Sydd hefyd wedi mynd i'r ardd)* Wel, Elida cariad, rhaid i fi'ch gadael – newch chi gadw cwmni i'n ffrind am dipyn bach?
Elida	Y'ch chi'n dal i weithio?

Wangel	Rhaid i fi fynd i'r feddygfa. Ond fydda i fawr o dro.
Arnholm	(*Yn eistedd yn y deildy*) 'Sdim rhaid i chi frysio, doctor annwyl. Rwy'n siŵr y gall eich gwraig a finne gael sgwrs am 'slawer dydd.
Wangel	(*Yn nodi ei gydsyniad*) Wi'n siŵr y newch chi. Wel, da bo.

Â Wangel allan trwy'r ardd.

Elida	(*Ar ôl saib hir*) Mae'n braf cael eistedd yn fan hyn, on'd dyw hi?
Arnholm	Ydi, braf dros ben.
Elida	Fy llecyn bach i o'r ardd, fel mae nhw'n dweud. Fi blannodd e. Neu Wangel nath e. I 'mhlesio i.
Arnholm	A chi'n eistedd 'ma'n aml?
Elida	Treulio'r rhan fwya o'r dydd 'ma.
Arnholm	Gyda'r merched?
Elida	Na, ma'r merched – fel arfer ar y feranda.
Arnholm	A Dr Wangel?
Elida	Mynd a dod rhyngon ni. Weithie gyda fi a weithie 'da'r merched.
Arnholm	Ai fel 'na ry'ch chi am i bethe fod?
Elida	Credu'i bod hi'n well i bawb fel hyn. Gallwn ni ddal i siarad â'n gilydd – os oes gyda ni rywbeth i weud.
Arnholm	(*Ar ôl meddwl am dipyn*) Y tro diwetha i ni gwrdd dwi'n meddwl oedd – yn Skjoldvik. Hmmm. Amser maith yn ôl erbyn hyn.

Elida	Ryw ddeng mlynedd, dwi'n meddwl.
Arnholm	Siŵr o fod. Ond pan wi'n meddwl amdanoch chi yn y goleudy 'na … roedd y ffeirad yn eich galw yn hen bagan am i'ch tad eich enwi ar ôl llong yn lle rhoi enw Cristnogol da.
Elida	Wel?
Arnholm	Wnes i fyth feddwl y byddwn i'n dod 'ma a'ch gweld yn Mrs Wangel.
Elida	Bryd hynny, doedd Wangel ddim yn – wel, yn y dyddie hynny, roedd mam y merched yn fyw ac yn iach, eu mam go iawn dwi'n feddwl.
Arnholm	Ie, dwi'n gwybod. Ond heblaw am hynny, hyd yn oed pe bydde fe'n rhydd – i briodi – nes i erioed feddwl y bydde –
Elida	Na finne chwaith. Ddim am eiliad. Ddim erioed – bryd hynny.
Arnholm	Mae'r doctor yn ddyn da. Gŵr bonheddig. Hael wrth bawb a phob un.
Elida	*(Yn gynnes a didwyll)* Ydi, mae e.
Arnholm	Felly – be ddigwyddodd gwedwch? Sut?
Elida	O Arnholm bach, peidiwch â gofyn. Alla i mo'i esbonio – a phe bawn i'n gallu, fyddech chi ddim yn deall.
Arnholm	H'm. *(Ei lais yn gostwng)* Naethoch chi ddweud wrtho amdana i? 'Y ngham gwag i?
Elida	Dim gair. Pam ddylen i? Na, dim byd am hynny. Sut allwch chi feddwl shwd beth?

Arnholm	O – 'na ryddhad. Ro'n i'n teimlo braidd yn lletchwith.
Elida	Doedd dim eisie i chi o gwbl. Fe wedes y gwir – mod i'n eich hoffi a mai chi oedd y ffrind gore a'r un mwya triw oedd gen i 'na.
Arnholm	Diolch. Ond dwedwch wrtha i – pam naethoch chi ddim sgrifennu ata i ar ôl i fi adael?
Elida	Meddwl y bydde'n clwyfo clywed wrth y sawl oedd ddim yn gallu teimlo'r un fath â chi. Agor hen glwyf.
Arnholm	Falle'ch bod yn iawn.
Elida	Ond pam na fyddech chi wedi sgrifennu?
Arnholm	*(Mae'n edrych arni a gwenu'n hanner edliwgar)* Fi? A neud i chi feddwl 'mod i am geisio eto? Ar ôl cael 'y ngwrthod unwaith?
Elida	Wela i. A naethoch chi ddim meddwl am briodi rhywun arall?
Arnholm	Na, byw ar atgofion.
Elida	*(Yn gellweirus)* Twt lol. 'Sdim pwynt glynu at atgofion. Dwi'n meddwl y dylech chi briodi.
Arnholm	Wel, mae'n well i fi hastu, Mrs Wangel. Wi'n carlamu at y deugain oed.
Elida	Mwy o reswm fyth dros beidio ag oedi, 'te. *(Mae'n dawel am ennyd ac yna'n dweud yn frwd mewn llais tawel)* Arnholm annwyl – wi am rannu 'da chi nawr, rywbeth na allwn i mo'i weud ar y pryd, hyd yn oed pe bydde fe'n fater o fywyd tragwyddol.
Arnholm	Beth yw e?

Elida	Pan naethoch chi'r cam gwag, fel ry'ch chi'n ei alw – allwn i ddim â rhoi ateb arall.
Arnholm	Ie, dwi'n gwybod – cynnig bod yn ffrind – 'na gyd allech chi.
Elida	Ond doeddech chi ddim i wybod bod 'y nheimlade ynghlwm â dyn arall.
Arnholm	Bryd hynny?
Elida	Ie, yn gwmws.
Arnholm	Ond dyw hynny ddim yn bosib. Chi wedi cymysgu'r blynydde. Doeddech chi ddim yn nabod Wangel bryd hynny?
Elida	Nage sôn am Wangel ydw i.
Arnholm	Os nage Wangel … Ond yn y dyddie hynny – allan yn Skjoldvik – doedd 'na neb arall y gallech chi fod wedi ymserchu ynddo.
Elida	Dwi'n gwybod. Roedd yr holl beth yn wallgo.
Arnholm	Wel y'ch chi'n mynd i weud yr hanes?
Elida	'Nes i addewid i rywun arall. 'Na fe, chi'n gwybod nawr.
Arnholm	A 'se chi'n rhydd?
Elida	Beth?
Arnholm	Fydde'ch ateb i'n lythyr yn wahanol?
Elida	Sut alla i weud? Pan dda'th Wangel, roedd fy ateb i'n wahanol.
Arnholm	Felly pam dweud nawr wrtha i nad oeddech chi'n rhydd?

Elida	*(Yn codi, mae'n nerfus, wedi ypsetio)* Achos ma'n rhaid dweud wrth rywun. Na, plis, peidiwch â chodi.
Arnholm	A dyw'ch gŵr – ddim yn gwybod am hyn?
Elida	Wnes i gyfadde o'r dechre'n deg mod i ynghlwm wrth rywun arall. Ofynnodd e ddim mwy a dy'n ni ddim wedi sôn am y peth ers hynny. Ta beth, oedd y peth yn wallgo. Digwyddodd, diflannodd – fwy neu lai.
Arnholm	*(Codi)* Fwy neu lai?
Elida	Trugaredd sy'n gwybod Arnholm, dyw e ddim beth y'ch chi'n ei feddwl. Dw inne ddim yn ei ddeall chwaith. Ddim yn gwybod sut i'w egluro. Allech feddwl 'mod i'n sâl, neu'n wallgo.
Arnholm	Mrs Wangel, fel eich ffrind gore, dwi eisie clywed, a rhaid i chi ddweud y cwbwl.
Elida	Iawn, fe wna i 'ngore. Ond sut all rywun mor rhesymol â chi ei ddeall? *(Yn torri'n sydyn ar ei sgwrs)* Nes 'mlaen. Mae ymwelydd 'da ni.

Mae Lyngstrand yn ymddangos ar y ffordd ac yn dod i mewn i'r ardd. Mae ganddo flodyn yn ei siaced ac mae'n cario tusw o flodau sydd wedi eu clymu gyda phapur a rhubanau sidan. Mae'n sefyll yn betrus wrth y feranda.

Elida	*(O'r deildy)* Y'ch chi wedi dod i weld y merched, Mr Lyngstrand?
Lyngstrand	*(Yn troi rownd)* O bore da, Mrs Wangel. *(Yn plygu pen).* Na – nid dod i weld y merched ond dod i'ch gweld chi, Mrs Wangel. Fe ddywedsoch y cawn alw.
Elida	Do, wrth gwrs. Mae croeso i chi bob amser.

Lyngstrand   Diolch. A gan ei fod e'n ddiwrnod mor arbennig i chi fel teulu.

Elida   O roeddech chi gwybod oeddech chi?

Lyngstrand   Oeddwn. A hoffwn felly gyflwyno'r rhain i chi. *(Mae'n plygu'n ffurfiol a rhoi tusw iddi)*

Elida   *(Yn gwenu)* Ond na, Mr Lyngstrand annwyl, oni ddylech chi roi'r blodau hardd i Mr Arnholm? Wedi'r cyfan, er ei fwyn e mae'r holl –

Lyngstrand   *(Gan edrych o un i'r llall)* Esgusodwch fi – ond dwi ddim wedi cwrdd â'r gŵr bonheddig – wedi dod – wel, am ei bod hi'n ben-blwydd arnoch chi.

Elida   Pen-blwydd? Chi wedi gwneud camsyniad, Mr Lyngstrand. 'Sdim pen-blwydd 'ma heddi.

Lyngstrand   *(Yn gwenu'n gellweirus)* O, dwi'n gwybod amdano fe. Er do'n i ddim wedi meddwl ei fod e'n gyfrinach.

Elida   Beth yn union y'ch chi'n ei wybod?

Lyngstrand   Ei bod hi'n ben-blwydd arnoch chi heddi Mrs Wangel.

Elida   Fi?

Arnholm   *(Yn edrych yn amheus arni)* Heddi? Na, dwi ddim yn –

Elida   *(Wrth Lyngstrand)* Beth yn y byd wnaeth i chi feddwl hynny?

Lyngstrand   Miss Hilde. Alwes i heibio'n gynharach y bore 'ma a gofyn i'r ddwy chwaer am y blodau a'r baneri a'r –

Elida   Wela i.

Lyngstrand   A medde Miss Hilde, 'Pen–blwydd Mam' yw hi heddi.

Elida   A! *Mam*! Wela i.

Arnholm   Aha!

Mae Arnholm ac Elida yn edrych yn sydyn ar ei gilydd.

Arnholm   Wel, Mrs Wangel, gan fod y gŵr bonheddig yn gwybod amdano.

Elida   *(Wrth Lyngstrand)* Ie, gan eich bod chi'n gwybod amdano!

Lyngstrand   *(Yn cynnig y tusw eto)* Ga i ddymuno pen-blwydd hapus i chi, Mrs Wangel?

Elida   *(Mae'n derbyn y blodau)* Diolch yn fawr iawn. Chi am eistedd?

Elida, Arnholm, a Lyngstrand yn eistedd i lawr yn y deildy.

Elida   Y mater 'ma o'r pen-blwydd – roedd e fod i fod yn gyfrinach, Mr Arnholm.

Arnholm   Wela i. Ac nid i'r byd a'r betws?

Elida   *(Mae'n rhoi'r blodau ar y bwrdd)* Ie, yn gwmws.

Lyngstrand   Weda i ddim gair wrth yr un dyn byw, wi'n addo.

Elida   O, do'n i ddim yn ei feddwl e ffor' 'na. Ond shwd y'ch chi? Chi i weld yn well.

Lyngstrand   Ydw. Dwi'n teimlo'n weddol bach, wir. A'r flwyddyn nesa, os galla i fynd tua'r de –

Elida   O ie, i'r Eidal. Ddwedodd y merched wrtha i.

Lyngstrand	Ie gobeithio. Gen i ffrind da yn Bergen sy wedi addo'n helpu.
Elida	O, 'na ffodus.
Lyngstrand	Ffodus iawn – es i'r môr ar un o'i longau fe.
Elida	Do fe wir? Felly y'ch chi'n hoff o'r môr?
Lyngstrand	Na ddim o gwbl. Wedi colli Mam, doedd 'Nhad ddim am i mi lusgo o gwmpas y tŷ – ac fe drefnodd i fi fynd i'r môr. Ond aeth y llong i drafferthion yn y Sianel ar ein ffordd adre – a thrwy lwc a bendith –
Arnholm	Ym mha ffordd?
Lyngstrand	Wel achos fel 'na y ces i'r gwendid yn fy sgyfaint. Ro'n i yn y dŵr rhewllyd am amser hir cyn cael fy achub ac, wrth gwrs, dyna ddiwedd ar y môr a finne. Yn ffodus i fi.
Arnholm	Chi'n meddwl hynny?
Lyngstrand	Ydw, achos dyw'r gwendid ddim yn wael. A nawr alla i fod yn gerflunydd – dyna o'n i wastad am ei wneud. Dychmygu'r clai hyfryd yn feddal rhwng 'y mysedd a 'nwylo.
Elida	A beth y'ch chi am ei greu? Môr-forynion, Llychlynwyr?
Lyngstrand	O na, dim byd fel 'na. Wi am ddechre gweithio ar rywbeth sylweddol – chi'n gwybod, 'grŵp'.
Elida	O ie, a beth yw'r grŵp am fod?
Lyngstrand	Rhywbeth wedi ei seilio ar 'y mhrofiad i.
Arnholm	Dyna sy orau wastad.

Elida	Ond beth?
Lyngstrand	Wel ro'n i'n meddwl y bydde 'na ferch ifanc, gwraig i forwr, sy'n troi a throsi yn ei chwsg. Ac mae'n breuddwydio. Ei greu fel y gallwch weld yn glir ei bod hi'n breuddwydio.
Arnholm	Oes 'na rywun arall i fod?
Lyngstrand	Oes, rhyw ffigwr arall – dim ond ei osgo cofiwch. Ei gŵr. A hithe wedi bod yn anffyddlon iddo pan oedd e ar y môr. A nawr mae e wedi boddi.
Arnholm	Chi'n meddwl?
Elida	Wedi boddi?
Lyngstrand	Ie, wedi boddi ar y fordaith. Ond y peth rhyfedd yw – ddaeth e adre 'run fath. Ganol nos. Ac mae'n sefyll wrth erchwyn y gwely gan syllu arni. Yn wlyb diferu, fel morwr sy wedi boddi – pan fyddan nhw'n ei dynnu o'r môr.
Elida	(Yn eistedd 'nôl yn ei chadair) Am syniad rhyfedd. (Mae'n cau ei llygaid) Alla i weld e gyd – mor glir.
Arnholm	Ond diwedd annwyl – Mr – ym – wedoch chi ei fod e'n rhywbeth o'ch chi wedi ei brofi eich hunan.
Lyngstrand	Mae e – mewn ffordd o siarad.
Arnholm	Chi erioed wedi gweld dyn marw yn cerdded?
Elida	(Yn gyffrous a brwd) Dwedwch bopeth chi'n wybod amdano – dwi eisie ei glywed i gyd. Popeth.
Arnholm	(Gan wenu) Mae pethe fel 'na wrth eich bodd on'd yw e? Rhywbeth â blas y môr arno.

Elida	Wel 'te, Mr Lyngstrand – beth ddigwyddodd?
Lyngstrand	Wel, ro'n ni ar fin hwylio 'nôl o le o'r enw Halifax – a rhaid oedd gadael y bowson ar ôl yn yr ysbyty. Felly, fe wnaethon ni gyflogi Americanwr yn ei le. A nawr roedd y bowson –
Elida	Americanwr?
Lyngstrand	Ie. Wel un diwrnod fe wnaeth e fenthyca llwyth o hen bapure newydd oddi wrth y capten a threulio pob munud gron yn eu darllen. Dweud ei fod am ddysgu siarad Norwyeg.
Elida	A beth wedyn?
Lyngstrand	Wel, un noson gawson ni storm a hanner ac o'dd y dynion i gyd ar y dec – ar wahân i'r bowson a finne. Roedd e wedi troi ar ei bigwrn felly'n ffaelu cerdded ac ro'n i'n diodde o salwch môr ac yn gorwedd ar 'y ngwely. Ac eisteddodd e yn y caban yn ailddarllen rhai o'r papure 'ma.
Elida	Ie?
Lyngstrand	Wrth eistedd fe wnaeth e weiddi fel dyn o'i go. A phan edrychais arno, oedd e mor wyn â'r galchen. A dyma fe'n rhwygo'r papur yn ddarnau mân, mân – yn dawel a heb ddweud gair.
Elida	Dim? Dim byd o gwbl?
Lyngstrand	Ddim ar y dechre. Yna, fe glywais e'n mwmial, 'Yn briod, i ddyn arall. Priodi tra ro'n i – i ffwrdd.'
Elida	*(Yn cau ei llygaid, ac yn dweud wrthi ei hun bron iawn)* Ddwedodd e 'na?

Lyngstrand	Do, a chi'n gwybod beth – ei ddweud e mewn Norwyeg perffaith. Rhaid bod dawn dysgu ieithoedd 'da fe.
Elida	Beth wedyn? Beth arall ddigwyddodd?
Lyngstrand	Wel dyma'r peth rhyfedda. Wna i fyth anghofio tra fydda i. Fe ddywedodd yn yr un llais main: 'Ond fi sy â hi – a gyda fi fydd hi am byth bythoedd, hyd yn oed os bydd raid i fi ddod fel dyn wedi boddi o wely'r môr i'w chael.'
Elida	*(Yn arllwys gwydraid o ddŵr a'i dwylo'n crynu)* Diwedd annwyl, mae hi mor dwym 'ma heddi.
Lyngstrand	Ac mi ddwedodd mewn ffordd mor bendant nes i fi gredu y galle fe wir ddigwydd.
Elida	Y'ch chi'n digwydd gwybod beth dda'th ohono? Y dyn 'ma?
Lyngstrand	O, Mrs Wangel, mae e wedi marw erbyn hyn, dwi bron yn siŵr.
Elida	*(Yn chwim)* A beth sy'n neud i chi feddwl hynny?
Lyngstrand	Wel cyn fawr o dro ar ôl hynny, cawson ni'r ddamwain yn y Sianel. Wnes i ddringo i'r bad achub gyda'r capten a phum dyn arall ond roedd y mêt yn y dingi bach. Ac roedd yr Americanwr ac un dyn arall gyda fe.
Elida	A dim sôn amdanyn nhw wedyn?
Lyngstrand	Dim siw na miw. Fy ffrind o Bergen sgrifennodd ata i. A dyna pam dwi mor awyddus i'w droi'n 'grŵp'. Alla i weld y wraig anffyddlon yn glir a'r morwr oedd wedi boddi yn dod 'nôl i ddial arni. Alla i weld y ddau mor fyw.

Elida	A finne. *(Yn codi)* Gadewch i ni fynd o'r haul. Neu gadewch i ni fynd i gwrdd â Wangel. Mae'r gwres 'ma'n llethol. *(Mae'n edrych allan o'r deildy)*
Lyngstrand	*(Yntau'n codi hefyd)* A wel, mae'n well i mi ei throi hi. Dim ond galw i ddymuno pen-blwydd hapus i chi wnes i.
Elida	Wel, os oes rhaid i chi fynd. *(Mae'n dal ei llaw allan)* Da boch nawr. A diolch am y blodau.

Lyngstrand yn ysgwyd ei llaw ac yna'n mynd allan trwy'r glwyd.

Arnholm	*(Yn codi ac yn mynd draw at Elida)* Alla i weld eich bod o dan deimlad, Mrs Wangel.
Elida	Falle wir. Er –
Arnholm	I'w ddisgwyl.
Elida	*(Edrych yn syn arno)* I'w ddisgwyl?
Arnholm	Ie.
Elida	Disgwyl bod hanes y dyn yn dod yn ôl – fel 'na?
Arnholm	Beth ar y ddaear? Yr hanes rhyfedd 'na?
Elida	Arnholm bach, falle nad yw e'n rhyfedd o gwbl.
Arnholm	I gyd am hanes y morwr a foddodd? A finne'n meddwl mai –
Elida	Beth oeddech chi'n ei feddwl?
Arnholm	Meddwl mai esgus oeddech chi ac mai'r hyn oedd wedi'ch siomi go iawn oedd dod i ddeall am y dathliadau teuluol cyfrinachol. A'ch gŵr a'i blant yn byw ar atgofion heb i chi fod yn rhan ohonyn nhw o gwbwl.

Elida	O na, na. Does gen i ddim hawl i fynnu mai dim ond y fi sy'n ei fywyd e.
Arnholm	Allen i feddwl y gallech chi – rhaid eich bod chi –
Elida	Na, na. Dyna'r pwynt. Dw inne'n byw bywyd does 'da nhw ddim rhan ynddo chwaith.
Arnholm	Chi? *(Yn dawel)* Y'ch chi'n dweud wrtha i nad y'ch chi wir yn caru eich gŵr?
Elida	Na. Ydw mi rydw i. Dwi wedi dod i'w garu â'm holl enaid. Dyna sy mor ofnadwy. Mor annealladwy wir.
Arnholm	Nawr mae'n rhaid i chi ddweud y stori yn llawn. Y'ch chi am wneud Mrs Wangel?
Elida	Ffrind annwyl fel ry'ch chi … alla i ddim – ddim nawr 'ta beth. Wedyn falle?

Daw Bolette allan o'r feranda a mynd lawr i'r ardd.

Bolette	Ma Tada wedi dod o'r feddygfa. Awn ni i gyd i ishte yn ystafell yr ardd?
Elida	Ie, pam lai.

Wangel mewn dillad gwahanol yn cyrraedd gyda Hilde o gefn y tŷ.

Wangel	Wel dyma fi. Yn rhydd o'r diwedd. Cyfle i gael rhywbeth i yfed?
Elida	Rhoswch funud.

Mae'n mynd i'r deildy i gasglu'r tusw o flodau.

Hilde	O, am flodau pert. O ble daethon nhw?
Elida	Lyngstrand, cariad.
Hilde	*(Yn syn)* Lyngstrand?

Bolette	*(Yn anesmwyth)* Ydy Mr Lyngstrand wedi bod 'ma 'to?
Elida	*(Yn hanner gwenu)* Ydy a ddaeth e â'r rhain. Dymuno pen-blwydd hapus i fi.
Bolette	*(Gan edrych ar Hilde)* O!
Hilde	*(Yn mwmial dan ei anadl)* Twpsyn.
Wangel	*(Yn teimlo embaras mawr, yn siarad ag Elida)* Ie, wel, chi'n gweld. Gadewch i mi egluro.
Elida	*(Gan dorri ar ei draws)* Dewch ferched, gadewch i ni roi'r rhain mewn dŵr gyda'r blodau er'ill.

Mynd lan i'r feranda.

Bolette	*(Wrth Hilde)* 'Na fe, ti'n gweld – ma hi'n ffein dros ben.
Hilde	*(O dan ei hanadl)* Dwli – 'mond esgus i blesio Tada.
Wangel	*(Ar y feranda, gan wasgu llaw Elida)* Diolch cariad. O waelod calon.
Elida	*(Yn gosod y blodau)* O, wel. Pam na alla i ddathlu pen-blwydd Mam hefyd?
Arnholm	H'm!

Mae'n mynd i fyny at Wangel ac Elida tra bo Bolette a Hilde yn aros yn yr ardd.

Act Dau

I fyny ar yr Orwelfa, mae bryn coediog tu ôl i'r dre. Yn y cefndir, mae crug o gerrig a cheiliog y gwynt. Mae'r cerrig mawr yn gweithio fel seddau o gwmpas y cruglwyth ac islaw, gwelir y ffiord pellaf, yr ynysoedd a'r pentiroedd.

Dydy'r môr agored ddim i'w weld. Mae'n gyfnos ac yn noson o haf. Mae yna wawr gochlyd o nudden yn yr aer a'r mynyddoedd yn y pellter. Clywir canu mewn pedwar llais yn isel yn y pellter.

Daw parau ifanc o bob rhyw i fyny gan siarad yn gariadus ac yna'n mynd tu hwnt i'r pentwr o gerrig. Daw Ballested i mewn gan arwain grŵp o ymwelwyr tramorol. Mae ganddo fagiau a siolau yn ei ddwylo.

Ballested   *(Yn pwyntio gyda'i ffon) Sehen Sie, meine Herrshaften – dort* over there *liegt anders* bryn. *Das willen wir* hefyd dringo *und so herunter. Mesdames et Messieurs, voila une autre montaigne. Elle a une vue magnifique – il est necessaire que nous la monterons aus …*

Mae'n parhau gyda'r Ffrangeg ac yn arwain y criw i'r chwith. Daw Hilde i fyny'r llwybr yn gyflym, aros ac yna, edrych yn ôl. Daw Bolette i'w dilyn.

Bolette   Ond pam ma rhaid i ni jengyd oddi wrth Lyngstrand?

Hilde   Achos alla i ddim godde mynd fel heddi a fory ar y brynie. Drycha arno fe – yn cropian fel babi.

Bolette   Ond ti'n gwybod fod e'n dost.

Hilde   Ti'n meddwl ei fod yn wael?

Bolette   Ydw, wi'n meddwl 'ny.

Hilde	Welodd e Tada p'nawn 'ma. Licsen i wbod beth ma e'n ei feddwl.
Bolette	Sglerosis ar y ddwy sgyfaint, rwbeth fel 'na. Fydd e ddim byw'n hir, yn ôl Tada.
Hilde	Dyna o'n i'n ei feddwl.
Bolette	Er mwyn y mawredd, paid dangos.
Hilde	Pam fydden i? *(Yn gostwng ei llais)* O, 'co Hans yn dringo lan y bryn. 'Hans', wir. Mae e'n drychyd fel 'Hans'.
Bolette	*(Yn sibrwd)* Bihafia, wir! Ti'n clywed?
Lyngstrand	*(Daw Lyngstrand i mewn o'r dde gyda pharasol yn ei law)* O, maddeuwch i fi, ferched annwyl, am ffaelu â chadw at yr un cyflymdra â chi.
Hilde	Ma parasol 'da chi nawr, 'te?
Lyngstrand	Un eich mam. Dwedodd y gallwn ei fenthyca fel ffon. Wedi anghofio'n un i.
Bolette	Nhw'n dal lawr fan 'na 'te – Tada a'r gweddill?
Lyngstrand	Odyn, mae'ch tad wedi mynd i'r bwyty am funud ond mae'r lleill yn eistedd y tu allan yn gwrando ar y gerddoriaeth. Ond dwedodd eich mam y bydden nhw'n dod 'ma cyn bo hir.
Hilde	*(Yn sefyll gan edrych arno)* Rhaid eich bod chi wedi blino'n lân.
Lyngstrand	Dwi'n meddwl 'mod i wir. Falle y dylwn i eistedd – cael seibiant.

Mae'n eistedd ar un o'r cerrig yn y cefndir.

Hilde	*(Yn sefyll o'i flaen)* Y'ch chi'n gwybod os bydd danso lawr yn y parêd, nes mla'n?
Lyngstrand	Felly dwi'n deall.
Hilde	Ma danso'n sbri on'd dyw e?
Bolette	*(Mae hi'n casglu blodau bychain o blith y grug)* O, Hilde, gad i Mr Lyngstrand ymladd am ana'l.
Lyngstrand	*(Wrth Hilde)* Ie, Miss Hilde, fyddwn i wrth 'y modd yn dawnsio – 'tawn i'n gallu.
Hilde	Nethoch chi erioed ddysgu?
Lyngstrand	Na, nid dyna ro'n i'n ei feddwl. Meddwl o'n i na alla i achos y sgyfaint.
Hilde	Achos rhyw … wendid?
Lyngstrand	Ie, rhywbeth fel 'na.
Hilde	Odi e'n diflasu chi – y 'gwendid' 'na?
Lyngstrand	O, na. Alla i ddim achwyn. *(Yn gwenu)* Dwi'n meddwl mai dyna pam mae pawb mor ffeind a chyfeillgar tuag ata i.
Hilde	A dyw e ddim yn fater difrifol, ody e?
Lyngstrand	Na, ddim o gwbl. Dyw'ch tad ddim yn meddwl ei fod e chwaith.
Hilde	A bydd trafaelu'n siŵr o'i wella.
Lyngstrand	Bydd. Fe fydd, siŵr o fod.
Bolette	*(Yn cario blodau)* Dyma chi – rhowch rhein yn eich llabed.

Lyngstrand   O diolch i chi Miss Wangel. Chi'n garedig iawn.

Hilde   *(Yn edrych lawr ar hyd y llwybr)* 'Co'r lleill yn dod.

Bolette   *(Hefyd yn edrych i'r un cyfeiriad)* Gobeithio eu bod nhw'n gwbod ble i droi. O na, mae'n nhw'n mynd go whith.

Lyngstrand   *(Yn codi)* Rheda i – i lawr nawr at y tro i weiddi arnyn nhw.

Hilde   Bydd rhaid i chi weiddi ar dop eich cloch 'te.

Bolette   Na, da chi, peidiwch. Fydd e'n lladdfa i chi.

Lyngstrand   Na, mae mynd ar ei waered yn rhwydd. *(Mae'n mynd o'r golwg i'r dde).*

Hilde   Mynd am 'i waered wir. *(Yn edrych ar ei ôl)* Mae e fel jacyjwmper. Falle ei fod wedi anghofio bod rhaid dod lan lŵeth.

Bolette   Druan bach!

Hilde   'Se fe Lyngstrand yn gofyn i ti – fyddet ti'n ei briodi fe?

Bolette   Be sy arnat ti, lodes!

Hilde   Be o'n i'n ei feddwl yw, 'se fe heb y gwendid 'na. A 'se fe ddim yn mynd i farw cyn bo hir. Fyddet ti wedyn 'ny?

Bolette   Fi'n meddwl taw'r syniad gore yw i ti gymryd e.

Hilde   Dim shwd beth. 'Sdim clincen 'da fe i gynnal ei hunan, heb sôn am –

Bolette   Pam ei ddilyn e rownd, 'te?

Hilde	Achos bo fe'n wanllyd.
Bolette	Ti ddim yn dangos rhyw drueni mawr.
Hilde	Falle ddim. Ond mae fe'n ddiddorol dros ben on'd dyw e?
Bolette	Beth?
Hilde	Rhoi 'bach o faldod iddo fe. A'i ga'l i weud nad yw e'n dost. A'i fod e 'bytu fynd ar ei deithiau, a bod yn artist. Ma fe'n credu'r peth yn reit i wala, a mor hapus am y cwbwl. Ond dyw e ddim yn mynd i ddigwydd – ddaw e ddim i fwcwl, achos fydd e ddim byw'n ddigon hir. Wi'n ffeindio 'ny'n ddifyr.
Bolette	Difyr?
Hilde	Ie, difyr. 'Sdim c'wilydd cyfadde 'ny, 'fyd.
Bolette	O Hilde, ti'n ferch y cythrel.
Hilde	A fel 'na wi am fod – cythreulig ar jawl. *(Yn edrych lawr)* A! O'r diwedd! Dyw Arnholm ddim yn lico dringo! *(Yn troi)* Gyda llaw, beth ti'n meddwl sylwes i arno am Arnholm amser cinio?
Bolette	Beth?
Hilde	Meddylia shwd beth – ma fe'n colli ei wallt – reit ar dop ei ben.
Bolette	Dwli w – all e ddim.
Hilde	Odi, te – a ma cryche rownd ei lyged e. Mawredd mawr, Bolette – i feddwl i ti fod mewn cariad â fe pan o'dd e'n diwtor 'ma.
Bolette	*(Yn gwenu)* Rhyfedd ontife, i fi lefen drwy'r nos pan wedodd e bod Bolette yn enw salw.

Hilde	Do fe? *(Yn edrych lawr)* O, drycha. 'Y fenyw dda'th o'r môr' yn cerdded 'da fe, braich ym mraich. A heb Tada, ac yn browlan bant. Ody'r ddou wedi … ti'n gwbod … wedi gweud mwy na 'shwd y'ch chi heddi' wrth ei gilydd?
Bolette	Rhag dy gywilydd di. Yn gweud shwd beth? 'Nenwedig nawr a ninne'n dechre dod i ddeall ein gilydd.
Hilde	Odyn ni? Ti sy'n meddylid 'na. 'Sdim cliw 'da fi shwt ma dod mla'n 'da hi. Dyw hi ddim yn perthyn 'ma, a dy'n ni ddim yn perthyn iddi hi. Pwy sy'n gwbod pam na'th Tada ei llusgo i'r lle 'ma? Synnen i fochyn 'se hi un diwrnod yn colli ar ei hunan. Ma colled gwyllt arni.
Bolette	Be? Mynd o'i cho? Paid siarad shwd ddwli.
Hilde	Synnwn i ddim. A'th ei mam hi o'i cho. Ca'l ei chloi lan a marw'n wallgo – 'so ti'n lico clywed y gwir?
Bolette	Diwedd annw'l – dala dy dafod 'nei di, o's bosib – er mwyn Tada. Bydda'n ferch dda – ti'n gwrando, Hilde?

Daw Wangel, Elida, Arnholm, a Lyngstrand i mewn ac i fyny o'r dde.

Elida	*(Yn pwyntio i'r cefn)* Draw fan yna.
Arnholm	O wrth gwrs, ie. Dyna lle mae e.
Elida	Dyna lle mae'r môr.
Bolette	*(I Arnholm)* Ond dyw hi'n fendigedig 'ma?
Arnholm	Godidog. Golygfa ysblennydd.
Wangel	Ydi wir. Y'ch chi wedi bod i fyny 'ma o'r blaen?

Arnholm	Na, ddim erioed. Pan o'n i 'ma, doedd dim modd i chi ei gyrraedd – dim llwybr hyd yn oed.
Wangel	A dim cyfleusterau chwaith. Dim ond yn y blynydde diwetha y digwyddodd y newidiadau mawr.
Bolette	A ma golygfa well fyth lan ar Nyth y Frân draw fan 'na.
Wangel	Beth am i ni fynd lan, Elida?
Elida	*(Yn eistedd lawr ar un o'r meini)* Dwi ddim yn meddwl y do' i – diolch. Ond ewch chi ymlaen. Eistedda i 'ma – aros nes i chi ddod 'nôl –
Wangel	Yna, arhosa i hefyd. Gall y merched ddangos y ffordd i Mr Arnholm?
Bolette	Licsech chi ddod 'da ni, Mr Arnholm?
Arnholm	Byddwn wrth 'y modd. Oes 'na lwybr?
Bolette	O oes, un llydan 'fyd.
Hilde	Digon llydan i ddou gered yn gyfforddus, braich ym mraich.
Arnholm	*(Yn tynnu coes)* Ydi hynny'n ffaith? *(I Bolette)* Ddylen ni weld os yw hi'n dweud y gwir?
Bolette	*(Â gwên fach gudd)* Ie, gadewch i ni weld. Pam lai?

Ânt allan braich ym mraich i'r chwith.

Hilde	*(I Lyngstrand)* Ddylen ni fynd 'fyd?
Lyngstrand	Braich ym mraich?
Hilde	Ie, pam lai.

Lyngstrand	(*Yn cymryd ei braich gan chwerthin yn fodlon*) Dyma beth wi'n galw'n sbri.
Hilde	Sbri?
Lyngstrand	Ie, ry'n ni'n edrych fel 'se ni 'di dyweddïo.
Hilde	Fentra i nad y'ch chi 'di cered fraich ym mraich 'da roces o'r bla'n y'ch chi Mr Lyngstrand?

Ânt ymaith.

Wangel	(*Yn sefyll wrth y grugfa*) O'r diwedd, munud fach i ni'n dau, Elida fach.
Elida	Ie, dewch i eistedd ar 'y mhwys.
Wangel	(*Yn eistedd lawr*) Ma hi mor dawel yma, a heddychlon. Cyfle bach nawr i ni siarad.
Elida	Am beth?
Wangel	Amdanoch chi – a ni, Elida. Dwi'n sylweddoli na all bethe bara fel hyn.
Elida	Be i chi'n ei awgrymu, 'te?
Wangel	Y dylen ni roi ffydd yn ein gilydd. Ca'l bywyd llawn gyda'n gilydd fel oedden ni unwaith.
Elida	Pe bai'n bosib. Ond dyw e ddim.
Wangel	Dwi'n credu 'mod i'n eich deall – o'r pethe i chi weud yn ddiweddar.
Elida	(*Yn angerddol*) Na, allwch chi byth â deall.
Wangel	Ond mi rydw i. Dwi'n gwybod mor onest y'ch chi Elida – a ffyddlon.

Elida	Dwi'n credu 'mod i.
Wangel	A wi'n credu na allwch chi fyw yn hapus a byw celwydd. Eich bod chi am berthynas lawn a pherffaith.
Elida	*(Gan edrych arno yn eiddgar)* Ie, wel?
Wangel	Chawsoch chi mo'ch creu i fod yn ail wraig i ŵr.
Elida	Pam dweud hynna, nawr?
Wangel	Mae'r peth wedi croesi'r meddwl yn aml ond heddi, ro'n i'n gwybod i sicrwydd. Achlysur dathlu pen-blwydd – roe'ch chi'n meddwl mod i'n rhan ohono. Wel – all dyn ddim dileu atgofion – nid fy rhai i beth bynnag. Dyw hynny ddim yn fy anian i.
Elida	A dwi'n gwybod hynny. O, yn gwybod yn iawn.
Wangel	Ond chi'n gwneud camsyniad 'run fath. I chi, mae e fel pe bai eu mam yn dal yn fyw, yn anweledig ond yn fyw. A chi'n meddwl mod i wedi'n hollti'n ddau, a dyna sy'n eich brifo. Chi'n meddwl fod rhywbeth gwyrdroëdig yn ein perthynas ni a 'na pam na allwch chi … na wnewch chi … fyw 'da fi fel 'y ngwraig.
Elida	*(Yn codi)* Ac y'ch chi sylweddoli hynny? Ai dyna chi'n ei weld?
Wangel	Ie, heddi fe weles i'r holl beth – yn glir – a'i ddyfnderoedd.
Elida	Ei ddyfnderoedd? Na, rhaid i chi beidio â meddwl 'na.
Wangel	*(Yn codi)* Wrth gwrs, ma mwy na hynna iddo, Elida fach.

Elida	*(Yn nerfus)* Oes e?
Wangel	Oes. Y gwir plaen yw na allwch chi odde'r lle 'ma. Y'ch chi'n teimlo'r mynydde'n cau amdanoch, yn eich mogi a'ch rhoi yn y falen. 'Sdim digon o olau 'ma i chi – y gorwel yn rhy gul o lawer, a'r aer yn hen ac yn drymedd.
Elida	Chi'n hollol iawn. Ddydd a nos, haf a gaeaf, wi'n teimlo'r dynfa hunllefus – y dynfa am y môr.
Wangel	Wi'n gwybod hynny hefyd, Elida 'nghariad i. *(Yn rhoi ei law ar ei phen)*. Dyna pam y ma'n rhaid i'r eneth fach anhwylus fynd 'nôl i'w chartre, i'r fangre – lle mae'n perthyn.
Elida	Beth y'ch chi'n ei feddwl?
Wangel	Mae'n hollol syml. Awn ni bant o 'ma.
Elida	O 'ma?
Wangel	Ie, rywle ar bwys y môr agored – lle allwch chi deimlo'n gartrefol, dilyn eich anian.
Elida	O Wangel, peidiwch da chi. Bydde hynny'n amhosib. Fyddech chi ddim yn hapus yn unrhywle yn y byd ond yn y fan hyn?
Wangel	Falle. Ond y'ch chi'n meddwl y gallwn i fod yn hapus 'ma – hebddoch chi?
Elida	Ond mi rydw i 'ma. A dwi am aros. Fi a chi.
Wangel	Y'ch chi Elida?
Elida	O, gadewch i ni beidio â siarad rhagor am y peth. Mae popeth sydd ei angen arnoch chi 'ma. Popeth chi eisie. Eich bywyd, bywoliaeth – mae e gyd 'ma.

Wangel	Fel y dwedes i – 'sdim ots am hynny nawr. Ry'n ni'n gadael – ac ewn i rywle draw fan 'na. Dyna'r cwbwl wedi setlo.
Elida	A sut all hynna helpu pethe?
Wangel	Cael eich nerth a'ch iechyd 'nôl – a thawelwch meddwl.
Elida	Dwi'n amau'n wir. A beth amdanoch chi? Beth gewch chi?
Wangel	Eich ennill 'nôl unwaith 'to, 'nghariad i.
Elida	Na, fyddech chi ddim. Allwch chi ddim. A dyna sy mor ofnadwy am y peth. O, mae'n annioddefol!
Wangel	Gawn ni weld. Ond os mai dyma'r ffordd y'ch chi'n teimlo o fod yma, yna, fe ddylech chi fynd bant – cyn gynted ag sy'n bosib. 'Na fe, wedi setlo, chi'n clywed?
Elida	Na, neno'r Tad, dyw e ddim. Mae'n well gen i ddweud y cwbl ... fel y digwyddodd.
Wangel	Ie, ar bob cyfri.
Elida	Chi'n gweld, dwi ddim am i chi aberthu'ch hapusrwydd er 'y mwyn i – yn enwedig gan na fydd hynny o les i'r un ohonon ni.
Wangel	Fe ddwedoch eich bod yn mynd i ddweud y cwbl – fel y digwyddodd e.
Elida	Fe wna i 'ngore – gymaint ag wi'n ei ddeall e. Dewch i eistedd ar 'y mhwys.

Maen nhw'n eistedd i lawr ar y meini.

Wangel	Wel?

Elida	Y diwrnod hynny pan ddaethoch a gofyn i mi'ch priodi ... roeddech chi mor onest am eich priodas gynta – roedd hi'n un mor hapus.
Wangel	Oedd, mi roedd hi.
Elida	Ie, dwi'n siŵr yr oedd hi – ond nid dyna pam dwi'n dweud hynna nawr. Ro'n i am eich atgoffa i finne hefyd fod yn onest gyda chi. Fe ddwedes, yn hollol agored i finne hefyd fod mewn cariad 'da rhywun arall. Ac i ni – mewn rhyw ffordd neu'i gilydd – ddyweddïo.
Wangel	Rhyw ffordd neu'i gilydd?
Elida	Ie wel, rhywbeth fel 'na. Barodd e ddim yn hir. Aeth e i ffwrdd. Ac ar ôl tipyn fe rois derfyn ar y peth. Do. Fe ddwedes i hyn i gyd.
Wangel	Ond Elida annwyl, pam codi hyn nawr? Dyw e ddim o 'musnes i a dwi ddim wedi gofyn unwaith pwy oedd e.
Elida	Na, d'ych chi ddim. Ry'ch chi wastad mor ystyrlon.
Wangel	(Gan wenu) Er, fel mae'n digwydd ... 'sdim eisie llawer o ddyfalu.
Elida	Nag oes? Pwy felly?
Wangel	Yn Skjoldvik, doedd 'na ddim llawer o ddynion ar ga'l, neu a ddylwn ddweud mai dim ond un o'dd.
Elida	Y'ch chi'n meddwl mai Arnholm oedd e?
Wangel	Nage fe?
Elida	Na.
Wangel	Na? Yna, alla i ddim â dychmygu pwy alle fe fod.

Elida	Y'ch chi'n cofio un hydref i long fawr o America ddod i Skjoldvik i gael ei thrwsio?
Wangel	Ydw. Dyna'r llong lle daethon nhw o hyd i gapten y llong yn ei gaban wedi ei lofruddio un bore. Ces 'y ngalw i wneud y post-mortem.
Elida	Do, dyna ni.
Wangel	Wedi'i ladd gan ei ail fêt.
Elida	Allwch chi ddim â dweud hynna – heb ei brofi.
Wangel	Doedd dim amheuaeth am y peth. Pa reswm arall fydde 'na dros foddi'i hunan?
Elida	Wnaeth e ddim boddi ei hunan – wnaeth e sleifio i ffwrdd ar long. Tua'r gogledd.
Wangel	(Mewn syndod) Shwd y'ch chi'n gwybod?
Elida	(Gydag egni mawr) O Wangel, yr ail fêt oedd y dyn wnes i ddyweddïo ag e!
Wangel	(Wedi'i gyffroi i gyd) Beth? Amhosib.
Elida	Mae'n wir. Fe oedd e.
Wangel	Ond Elida, pam? Dyweddïo â rhyw hen ddyn fel 'na. Dieithryn o bob peth? Beth oedd ei enw?
Elida	Y pryd hynny roedd yn galw ei hunan yn Friman. Wedyn, fe arwyddodd ei lythyre fel Alfred Johnston.
Wangel	Ond un o ble oedd e?
Elida	O Ffinmarc, medde fe. Ond cael ei eni yn y Ffindir. Croesi'r ffin fel plentyn gyda'i dad dwi'n meddwl – i Norwy.

Wangel	Ffindirwr, te?
Elida	Dyna ddwedodd e.
Wangel	Beth arall y'ch chi'n ei wybod amdano?
Elida	Dim ond iddo fynd i'r môr yn ifanc iawn – wedi bod ar fordeithiau pell.
Wangel	Dim byd arall?
Elida	Doedden ni ddim yn sgwrsio am bethe fel 'na.
Wangel	Am beth oedd eich sgyrsiau, 'te?
Elida	Y môr, gan amla.
Wangel	A! Y môr.
Elida	Ie, ei stormydd a'i ostegion … nosweithiau tywyll yn y cefnfor a'r môr yn pefrio yn yr heulwen. Ond siarad gan fwyaf am forfilod a dolffiniaid – a'r morloi sy'n gorwedd allan ar y creigiau gan dorheulo yn y gwres ganol dydd. A mi wnaethon ni sgwrsio am y mulfrain a'r môr eryrod a holl adar eraill y môr – a chi'n gwybod, mae e'r peth rhyfedda, ond pan oe'n ni'n siarad fel hyn roedd e'n ymddangos i mi fel tase fe'n perthyn i adar a bwystfilod y môr.
Wangel	A chi?
Elida	Ie, fi hefyd.
Wangel	Wela i. A felly dyweddïoch chi?
Elida	Do. Fe ddwedodd fod yn rhaid i mi.
Wangel	Rhaid? Doedd 'da chi ddim dewis yn y mater?
Elida	Ddim pam o'n ni 'da fe. Dyna beth oedd i weld mor rhyfedd wedi hynny.

Wangel	Weloch chi fe'n aml?
Elida	Na, ddim yn aml iawn. Ddaeth e allan un dydd i weld y goleudy, fel 'na y des i – i'w nabod. Wedi hynny, gwrddon ni unwaith neu ddwy, a wedyn roedd busnes y capten ac roedd yn rhaid iddo fynd i ffwrdd.
Wangel	Ie, leiciwn i glywed mwy am hwnna.
Elida	Un bore, cyn iddi wawrio, ges i nodyn oddi wrtho'n dweud y dylwn fynd ato – draw ar Bratthammer. Chi'n gwybod y pentir rhwng Skjoldvik a'r goleudy.
Wangel	Ie, dwi'n gwybod.
Elida	Dweud y dylwn fynd ar unwaith, a'i fod am siarad â fi.
Wangel	A fe aethoch chi?
Elida	Allwn ni ddim â gwrthod ... Wel, wedyn fe ddwedodd iddo drywanu'r Capten y noson honno.
Wangel	Wnaeth e gyfadde 'te? Yn agored?
Elida	Do, ond dweud ei fod yn iawn, yr hyn wnaeth e.
Wangel	Yn iawn? Ond pam na'th e ei drywanu?
Elida	Wedodd e ddim. Dweud nad oedd angen i fi gael gwybod.
Wangel	A gredoch chi fe?
Elida	Wnaeth e ddim taro'n feddwl i – i beidio â'i gredu. A ta beth, roedd yn rhaid iddo fynd. Ond, pan oedd e ar fin gadael ... wel gredech chi ddim beth wnaeth e.
Wangel	Chi'n mynd i weud?

51

Elida	Tynnodd gwlwm allwedd o'i boced, a thynnu modrwy oddi ar ei fys. A gofyn am fodrwy oddi wrtha i. Ac yna gosod y ddwy fodrwy ar y cwlwm allwedd. A dweud y byddai'n rhaid i ni briodi'n hunain i'r môr.
Wangel	Priodi?
Elida	Dyna ddwedodd e. Ac ar y gair, taflodd e'r modrwyon mor bell ag y gallai, i'r môr agored.
Wangel	Ond Elida, gytunoch chi 'da hyn i gyd?
Elida	Do ... ro'n i'n teimlo'i fod yn iawn. Y peth iawn i wneud. Ond wedyn, diolch byth, aeth e bant.
Wangel	A wedi iddo fynd?
Elida	O wel, fel y gallwch ddychmygu, des i at 'y nghoed, allwch chi fod yn siŵr o hynny. Gweld pa mor hollol afresymol – mor ddwl wir oedd yr holl beth 'di bod.
Wangel	Sonioch chi am lythyrau. Glywsoch chi oddi wrtho wedyn?
Elida	Do, ar y dechre, cwpwl o linellau o ogledd Rwsia'n dweud ei fod yn ymfudo i 'Merica. Cyfeiriad y medrwn anfon ato.
Wangel	A naethoch chi?
Elida	O do, ar unwaith. Wrth gwrs dwedais wrtho fod popeth ar ben rhyngon ni a na ddyle fe feddwl dim rhagor amdana i, fel y byddwn inne'n peidio â meddwl amdano fe.
Wangel	Wnaeth e – ateb?
Elida	Do, sgrifennodd wedyn.

Wangel	A be wedodd e?
Elida	Dim gair. Fel 'tawn i heb ddweud dim byd. Sgrifennodd yn bwyllog a chlir – dweud y dylwn aros amdano ... Rhoi gwybod i fi pan fydde'n barod amdana i – yna, i fynd ar unwaith.
Wangel	Felly – wrthododd eich ryddhau?
Elida	Do – sgrifennais wedyn, fel o'r blaen. Geiriau hallt tro 'ma.
Wangel	Wnaeth e ildio wedyn?
Elida	O na, i'r gwrthwyneb. Yr un mor bwyllog ag erioed. Anwybyddu beth ddwedais i, a dim gair am i mi ddod â phethe i ben. Weles i bod y peth yn ddwl a sgrifennais i byth wedyn.
Wangel	A chi ddim wedi clywed wrtho ar ôl hynny?
Elida	Do – ges dri llythyr oddi wrtho. Un o Galiffornia, un o Tsieina. A'r un ola o Awstralia'n dweud ei fod yn mynd i gloddio am aur. Ond ers hynny, dwi ddim wedi clywed oddi wrtho.
Wangel	Rhaid bod 'dag e ryw afael rhyfedd arnoch chi?
Elida	Oedd. Ofnadw.
Wangel	Rhaid i chi beidio â meddwl rhagor amdano fe. Elida 'nghariad – wnewch chi addo hynny? Nawr ry'n ni'n mynd i'ch gwella. Awyr iach – mwy iach na'r hyn a gawn 'ma, lan yn y ffiord – heli iachus, awel y môr agored. Beth wedwch chi i hwnna?
Elida	Ond does dim gwella i fod. Alla i ddim â cael gwared ar y peth – fan hyn na fan acw.

Wangel	Pa *beth*? Beth yn gwmws y'ch chi'n ei feddwl?
Elida	Y gafael dwfn 'ma sy 'da fe drosta i.
Wangel	Ond y'ch chi wedi cael gwared arno flynydde 'nôl – pan naethoch chi roi diwedd ar y peth. Amser maith yn ôl – a dibendod.
Elida	*(Yn cyffroi eto)* Dyna'r holl bwynt. Dyw e ddim.
Wangel	Ddim drosodd?
Elida	Na Wangel, dyw e ddim drosodd. Ac mae arna i ofn na fydd e byth – tra fydda i.
Wangel	*(Ei lais dan straen)* Chi'n meddwl dweud wrtha i, o waelod calon nad y'ch chi 'di gallu anghofio'r dyn 'ma.
Elida	Ro'n i wedi ei anghofio, unwaith. Ond wedyn, o'dd e fel 'se fe wedi dod 'nôl.
Wangel	Pryd o'dd hynny?
Elida	Ryw dair blynedd 'nôl, falle chydig yn fwy – pan o'n i'n feichiog.
Wangel	Bryd hynny? O, Elida, nawr wi'n dechre deall.
Elida	Na, Wangel annwyl, dy'ch chi ddim. All neb yn y byd ddeall beth sy'n digwydd i fi.
Wangel	*(Yn edrych yn drist arni)* Ac i feddwl am y tair blynedd ddiwetha – y'ch chi fod mewn cariad 'da rhywun arall. Dyn arall a nage fi.
Elida	Na dyw hynny ddim yn wir. Dim ond y chi dwi'n ei garu.
Wangel	*(Mewn llais tawel)* Felly pam, wedi'r holl amser 'ma, y'ch chi wedi gwrthod â byw 'da fi fel 'y ngwraig?

54

Elida	Achos ... ofn y dyn dierth 'ma.
Wangel	Ofn?
Elida	Ie ofn dychrynllyd all ond y môr ei godi. Achos nawr, Wangel, rwy am ddweud.

Daw'r pâr ifanc yn ôl, o'r chwith, eu cyfarch ac yna ânt allan ar y dde. Gyda nhw y daw Arnholm, Bolette, Hilde, a Lyngstrand.

Bolette	*(Wrth iddyn nhw fynd heibio)* Wel, wel, chi 'ma o hyd?
Elida	Ydyn, mae chwa fach hyfryd 'ma.
Arnholm	Ry'n ni'n mynd lawr i ddawnsio.
Wangel	Da iawn. Down ninne lawr cyn hir hefyd.
Hilde	*Au revoir* 'te.
Elida	Hanner munud, Mr Lyngstrand.

Mae'n stopio. Arnholm, Bolette, a Hilde yn gadael.

Elida	*(I Lyngstrand)* Y'ch chi'n mynd i ddawnsio hefyd?
Lyngstrand	Feiddiwn i ddim, Mrs Wangel. Na.
Elida	Na, rhaid bod yn ofalus. Eich sgyfaint i ddechre – dyw e ddim wedi gwella'n llwyr?
Lyngstrand	Na, ddim yn hollol. A dwi'n ofni na fydd e fyth.
Elida	*(Gan betruso)* Pa mor hir 'nôl oedd e – pan aethoch chi ar y fordaith?
Lyngstrand	Pan ges i'r gwendid?
Elida	Ie, y daith 'na sonioch chi amdani y bore 'ma.

Lyngstrand	O gadewch i mi feddwl – rhaid ei fod e – ie, rhyw dair blynedd 'nôl erbyn hyn.
Elida	Tair blynedd?
Lyngstrand	Falle ychydig yn fwy. Gadawon ni America tua Chwefror, a'n dal 'da gwyntoedd mawr mis Mawrth.
Elida	*(Yn edrych ar Wangel)* Wangel, dyna'r union adeg.
Wangel	Ond Elida fy nghariad annwyl!
Elida	Wel, wnewn ni mo'ch cadw chi, Mr Lyngstrand. Ewch, ond peidiwch â dawnsio.
Lyngstrand	Na, gwylio'r lleill fydda i.

Â allan.

Wangel	Elida, nghariad i – pam oeddech chi'n ei holi am y daith 'na?
Elida	Roedd Johnston ar y llong 'na. Dwi'n berffaith siŵr.
Wangel	Beth sy'n neud i chi feddwl hynny?
Elida	*(Heb ei ateb)* 'Na pryd y clywodd e – i fi briodi rhywun arall. A dyna pryd y dechreuodd y teimladau 'ma gorddi yno' i.
Wangel	Yr ofn?
Elida	Ie, fyddwn i'n ei weld e'n sefyll o mlaen i. Neu chydig i'r ochr. Dyw e byth yn edrych yn syth arna i – dim ond *sefyll* yna'n … syllu.
Wangel	Sut un yw e, o ran ei olwg?
Elida	Yr un peth â phan weles i fe ddwetha.
Wangel	Ddeng mlynedd 'nôl?

Elida	Ie. Ar Bratthammer. Ei weld e'n glir. Yr hyn dwi'n ei weld gliria yw pin ei dei, rhyw berl laethog, yn syllu arna i fel llygad pysgodyn marw.
Wangel	Diwedd annwyl. Ry'ch chi'n fwy anhwylus na feddylies i. Hyd yn oed yn fwy tost nag y'ch chi'n sylweddoli.
Elida	Helpwch fi. Alla i deimlo'r peth yn cau amdana i. Dod yn nes ac yn nes.
Wangel	Ac y'ch chi wedi bod fel 'ma am dair blynedd gron – godde'n dawel bach, heb weud gair wrtha i?
Elida	Ond sut allwn i? Ddim tan nawr, pan mae'n fater o raid – er eich mwyn chi, Wangel. 'Tawn i wedi dweud, fyddwn i wedi gorfod dweud hefyd am y peth yna – sy heb ddim enw hyd yn oed.
Wangel	Dim enw?
Elida	Na, peidiwch, da chi, â gofyn. Ond mae 'na un peth, Wangel – y peth 'na am ddirgelwch llyged y plentyn. Sut ma esbonio?
Wangel	Elida annwyl, dim ond eich dychymyg chi yw e. Roedd ei lyged yn berffaith normal. Fel pob plentyn arall.
Elida	Na, do'n nhw ddim. Rhaid eich bod wedi sylwi ar hynny? Fe newidiodd llyged y plentyn yn ôl lliw'r môr. Pan oedd y ffiord yn heulog a thawel, o'dd ei lyged hefyd. Ond pan o'dd hi'n stormus … O, fe weles i fe – hyd yn oed os na weloch chi.
Wangel	(Yn cyfaddawdu) Wel falle. Ond hyd yn oed pe bai 'na'n wir – beth am hynny?

Elida	*(Yn dyner gan ddod yn nes)* Dw i wedi gweld llyged fel 'na o'r blaen.
Wangel	Ble?
Elida	Allan ar Bratthammer, ddeng mlynedd 'nôl.
Wangel	*(Yn camu 'nôl)* Beth y'ch chi'n ei feddwl?
Elida	*(Yn crynu ac yn sibrwd)* Roedd 'da'r plentyn lyged y dieithryn.
Wangel	*(Gwaedd annisgwyl)* Elida …
Elida	*(Yn cydio yn ei phen gyda'i dwylo)* Nawr y'ch chi'n gweld pam na alla i fyth – pan na feiddia i fyth – fyw gyda chi 'to fel eich gwraig.

Mae'n troi yn sydyn a rhuthro lawr y llethr i'r dde.

Wangel	*(Yn rhedeg ar ei hôl a gweiddi)* Elida! Elida! Fy nghariad annwyl – druan fach.

Act Tri

Mewn rhan dawel o'r ardd, gweundir wedi ei orchuddio gyda hen goed sylweddol eu maint. Tua'r de mae pwll-merddwr. Mae clawdd isel yn gwahanu'r ardd oddi wrth y llwybr a'r ffiord yn y cefndir. A thu hwnt, mae'r mynyddoedd. Mae'n hwyr brynhawn, bron yn gyfnos.

Mae Bolette yn eistedd ac yn gwnïo ar fainc garreg gyda rhai llyfrau a basged wnïo wrth ei hochr. Mae Hilde a Lyngstrand gyda'u hoffer pysgota yn sefyll ger y pwll.

Hilde   *(Gan wneud arwydd i Lyngstrand)* Heisht, w. Alla i weld whompyn.

Lyngstrand   *(Gan edrych)* Ble?

Hilde   *(Yn pwyntio)* Fan 'na. 'Smo chi'n ei weld e. Mawredd shwd beth, un arall 'to. *(Edrych trwy'r coed).* O diar, fe ddaw e nawr a hala ofn ...

Bolette   *(Gan edrych lan)* Pwy?

Hilde   Dy diwtor di.

Bolette   'Y nhiwtor *i*?

Hilde   Ie, ddysgodd e mo fi, diolch byth.

Daw Arnholm i mewn trwy'r coed.

Arnholm   Oes 'na bysgod yn y pwll o hyd?

Hilde   Dim ond carp.

Arnholm   Ydyn nhw'n dal yn fyw?

Hilde	Rhai gwydn. Ond ddaliwn ni nhw.
Arnholm	Bydde'n well i chi dreio'r ffiord.
Lyngstrand	Na mae'r pwll – wel – mae e'n fwy dirgel mewn ffordd.
Hilde	Ie, ma mwy o ryfeddod 'ma. Chi 'di bod yn y môr?
Arnholm	Ydw, newydd ddod o'r môr ydw i.
Hilde	Ethoch chi mas yn bell?
Arnholm	Na, dwi ddim yn nofiwr cryf iawn.
Hilde	Allwch chi nofio ar eich cefn?
Arnholm	Na.
Hilde	Wi'n gallu. *(I Lyngstrand)* Beth am fynd i'r ochr draw?

Ânt ar hyd ochr y pwll a gadael.

Arnholm	*(Yn dod yn nes at Bolette)* Chi'n eistedd 'ma ar eich pen eich hunan Bolette?
Bolette	Fel arfer.
Arnholm	Dyw'ch mam chi ddim yn yr ardd?
Bolette	Na, wi'n meddwl iddi fynd am dro 'da Tada.
Arnholm	Sut mae hi y pnawn 'ma?
Bolette	Sai'n gwbod. Heb ofyn iddi.
Arnholm	Beth yw'r llyfre sy gyda chi fan 'na?
Bolette	Bywydeg yw un, a'r llall – Daearyddiaeth.
Arnholm	A chi'n hoffi pynciau fel 'na?

Bolette	Pan ga'i amser. Ond mae cadw tŷ'n dod gynta.
Arnholm	Dyw'ch mam – llysfam – ddim yn rhoi help llaw i chi?
Bolette	Na, 'y ngwaith i yw e. Wnes i fe am y ddwy flynedd pan o'dd Tada ar ei ben ei hunan a wi 'di bod yn ei neud byth oddi ar 'ny.
Arnholm	Ond ry'ch chi'n dal i hoffi darllen?
Bolette	Darllen popeth wi'n gallu. Wi'n mo'yn dysgu mwy am y byd – y'n ni mor bell o bobman fan hyn – o bopeth sy'n digwydd mas 'na'n y byd.
Arnholm	O Bolette annwyl – peidiwch â dweud hynna.
Bolette	Ond ma'n wir. Ry'n ni fel pysgod mawr mewn pwll bach. Mae'r ffiord heb fod yn bell bant. Haig o bysgod yn nofio heibio drwy'r amser yn rhydd. Ond am y pysgod bach llipa sy'n gwybod dim amdani a byth yn mynd 'da nhw –
Arnholm	Dwi ddim yn meddwl y bydden nhw'n rhyw hoff iawn o fod allan yn fanna.
Bolette	O, fydden nhw fawr gwaeth.
Arnholm	Ta beth – allwch chi ddim dweud eich bod chi wedi'ch ynysu yn llwyr o'r byd – ddim yn yr haf beth bynnag. Mae'r dre 'ma'n lle ffasiynol dros ben ac mae'n fan cyfarfod hwylus.
Bolette	*(Yn gwenu)* O ie, fel un sy'n mynd a dod fel chi – mae'n hawdd gwneud sbort.
Arnholm	Gwneud sbort? Pam chi'n meddwl hynny?

Bolette	Yr holl beth 'ma am fan cyfarfod hwylus a thre ffasiynol – dim ond ailweud beth y'ch chi 'di ei glywed rownd ffordd hyn y'ch chi. Rhyw siarad sgwâr.
Arnholm	Ie, dwi wedi sylwi – falle eu bod nhw.
Bolette	Ond ma'n bell iawn o'r gwir. I ni ddynion sy'n byw 'ma – pa werth yw e i ni fod rhai'n galw ar eu ffordd i weld yr haul ganol nos? Allwn ni ddim mynd 'da nhw a 'sdim haul fel 'na i ni. O na, mae'n rhaid i ni fyw ein bywydau bach ni yn y pwll pysgod 'ma.
Arnholm	*(Yn eistedd ar ei bwys)* Ond Bolette, dwedwch wrtha i – nag oes 'na rywbeth arbennig ry'ch chi'n breuddwydio amdano fan hyn?
Bolette	Falle.
Arnholm	Ond beth yw e – beth y'ch chi'n crefu amdano?
Bolette	Gadael.
Arnholm	Mwy na dim byd arall?
Bolette	Ie. A dysgu mwy. Am bopeth.
Arnholm	Pan ro'n i'n eich dysgu, dwedodd eich tad yn aml y dylech fynd i goleg.
Bolette	Do – Tada druan, mae e'n llawn syniadau. Ond pan ma'n dod i'r pwynt, smo fe'n dod â phethe i fwcwl.
Arnholm	Falle eich bod yn llygad eich lle. Ond y'ch chi wir wedi siarad ag e am y peth – o ddifri?
Bolette	Naddo.
Arnholm	Ond fe ddylech chi Bolette – cyn ei bod hi'n rhy hwyr. Pam na wnewch chi?

Bolette	Falle bod ni'n ddau debyg – ofn mentro.
Arnholm	Hm. Dy'ch chi ddim yn gwneud tegwch â'ch hunan.
Bolette	Falle wir. Ta beth, does gan Tada ddim amser i feddwl amdana i a 'nyfodol. A dim bwriad chwaith. Osgoi pethe fel 'na. A ta beth, mae Elida'n mynd â'i sylw.
Arnholm	Ym mha ffordd?
Bolette	Meddwl ro'n i bod Tada a'n llysfam … *(Torri i ffwrdd)* Wel, ma'r ddau'n byw eu bywydau bach nhw eu hunain.
Arnholm	Wedyn – dyna fwy o reswm fyth dros fynd o 'ma.
Bolette	Ie, ond dwi ddim yn teimlo fod 'da fi'r hawl. Gadael Tada.
Arnholm	Ond Bolette annwyl, fydd raid i chi un diwrnod – a wedyn gore po gynted.
Bolette	Falle wir. Wedi'r cwbwl, ddylwn i feddwl am y'n hunan – ffindo gwaith yn rhywle. Unwaith y colla i Tada fydd neb i 'ngharco i … ond druan â Tada, 'sdim iws i fi, a gas gen i feddwl ei adael.
Arnholm	Gas 'da chi?
Bolette	Ie, er ei fwyn e.
Arnholm	Ond diwedd annwyl, beth am eich llysfam? Fydd hi gyda fe.
Bolette	Ma 'ny'n wir, ond all hi ddim a gwneud y pethe o'dd Mam yn arfer eu neud mor dda. Ma 'na gymaint dyw hi ddim yn sylwi arno – neu'n *pallu* sylwi. Ddim yn gwybod p'run.

63

Arnholm	Fi'n credu 'mod i'n deall be chi'n ei ddweud.
Bolette	Tada druan. Mae 'da fe'i wendidau. Falle i chi sylwi. A 'sdim digon o waith 'da fe i lanw'i amser. A gall hi mo'i helpu. Ond dim ond ei fai e yw e mewn gwirionedd.
Arnholm	Beth sy'n gwneud i chi feddwl hynny?
Bolette	O mae Tada am weld wynebau hapus o'i gwmpas, dweud bod rhaid cael heulwen a hapusrwydd yn y tŷ. A wedyn wi'n ofni ei fod e'n rhoi moddion iddi nad yw e'n neud lles o gwbwl iddi yn y pen draw.
Arnholm	Wir?
Bolette	Wi'n weddol siŵr achos weithie mae hi mor rhyfedd. *(Yn sydyn)* Ond mae'n annheg on'd yw e 'mod i'n gorfod aros 'ma. Dyw e'n gwneud dim lles iddo fe – a ta beth ma 'da fi ddyletswydd i fi'n hunan hefyd.
Arnholm	Bolette – ddylen ni siarad yn iawn am hyn.
Bolette	Ond i beth? Falle mai dyma'n lle i – yn y pwll yn pingad o garpiaid.
Arnholm	Ddim o gwbl. Mae'n dibynnu arnoch chi'n llwyr.
Bolette	*(Yn sionci)* Chi'n meddwl 'ny?
Arnholm	Ydw, mae'ch dyfodol yn eich dwylo chi.
Bolette	O, pe bydde hynny'n wir. Wnewch chi weud gair o 'mhlaid i wrth Tada?
Arnholm	Wrth gwrs. Ond yn gynta Bolette mae'n rhaid i fi siarad yn reit agored â chi.
Bolette	*(Gan edrych allan i'r chwith)* Sssh. Bod yn dawel sy ore. Gawn ni siarad nes mla'n.

Daw Elida i mewn, i'r chwith. Does ganddi ddim het amdani ond mae'n gwisgo siôl dros ei phen a'i hysgwyddau.

Elida   *(Yn aflonydd o fywiog)* O, mae'n hyfryd 'ma. Godidog.

Arnholm   *(Gan godi)* Fuoch chi am dro?

Elida   Do. Bues i am dro fach hyfryd 'da Wangel – nawr ry'n ni'n mynd i hwylio.

Bolette   Chi'n mo'yn eistedd?

Elida   Na, dim diolch. Eistedda i ddim.

Bolette   *(Yn gwneud lle ar y fainc)* Mae digon o le 'ma.

Elida   *(Yn camu 'nôl a mlaen)* Na, na. Alla i ddim ag eistedd. Wir nawr.

Arnholm   Wnaeth mynd am dro les i chi. Chi'n edrych mewn gwell hwyliau.

Elida   Ydw, wi mewn hwyliau da – yn ddedwydd fy myd, ac mor ddiogel. Mor ddiogel. *(Yn edrych i'r chwith)*. Beth yw'r stemar sy'n dod i mewn?

Bolette   *(Gan edrych i fyny)* Rhaid mai'r un o Loegr yw hi.

Arnholm   Mae'n aros yn yr angorfa. Ydi hi'n arfer aros fanna?

Bolette   Hanner awr 'na gyd. Wedyn mae'n mynd lan i ben pella'r ffiord.

Elida   Ac yna fory yn hwylio i ffwrdd unwaith eto, allan i'r môr agored ac i'r môr pell. O, dychmygwch cael mynd arni. I fod yn gallu gwneud hynny – i allu cael gwneud.

Arnholm   Fuoch chi ddim erioed ar fordaith Mrs Wangel?

Elida   Na, ddim erioed. Dim ond teithie byr lan a lawr y ffiord.

Bolette	*(Gan ochneidio)* Na, ry'n ni'n gorfod bod yn fodlon 'da'r tir sych.
Arnholm	Wel, dyna'n hanian ni ontife?
Elida	Na, alla i ddim credu hynny.
Arholm	Ddim ar dir sych.
Elida	Na, alla i ddim â chredu'r peth. Dwi'n meddwl pe bydde pobl wedi dewis o'r dechre i fyw eu bywydau ar y môr – neu hyd yn oed *yn* y môr – bydden ni wedi cyrraedd stad mwy perffaith, un well a hapusach.
Arnholm	Y'ch chi wir yn credu hynny?
Elida	Ydw. Pam lai? Wi wedi siarad yn aml am hyn gyda Wangel.
Arnholm	A'i farn e?
Elida	Dweud y gallwn fod yn iawn.
Arnholm	*(Yn cellwair)* Wel pwy all wybod? Ond fel hyn ry'n ni. Gymron ni'r llwybr 'ma unwaith ac am byth, ac esblygu'n anifeiliaid y tir. Braidd yn hwyr i newid hynny nawr a dechre 'to?
Elida	Gwaetha'r modd falle bod hynny'n wir – a dwi'n credu bod y ddynoliaeth yn gwbod hynny hefyd. A dyna'r tristwch sy ar ddynoliaeth. Gwraidd ein diflastod. Dwi'n siŵr o hynny.
Arnholm	Ond Mrs Wangel annwyl, dwi ddim wedi sylwi bod y ddynoliaeth mor ddiflas â hynny; i'r gwrthwyneb, weden ni bod y rhan fwya o bobl yn byw bywydau hapus a dymunol, yn llawn dedwyddwch.

66

Elida	Dyw hynny ddim yn wir. Mae e fel yr hapusrwydd a deimlwn ar noson hirfelyn o haf – gallwn synhwyro mai dyddie tywyll y gaea sy o'n blaenau. Ac mae hynny'n bwrw cysgod droson ni – fel y mae cymylau yn cael eu hyrddio dros y ffiord. Mae popeth yn las a disglair ac yna –
Arnholm	Nawr ddylech chi ddim ildio i deimladau diflas fel 'na. Roeddech chi mor hapus, yn llawn bywyd funud 'nôl.
Elida	Ie, chi'n iawn – dwi mor rhyfedd. *(Edrych o'i chwmpas yn anniddig).* Tase Wangel ddim ond yn dod – addawodd e'n bendant y bydde fe'n dod. Ond dyw e ddim 'ma … Rhaid ei fod e 'di anghofio. Mr Arnholm, fyddech chi'n fodlon mynd i chwilio amdano i fi?
Arnholm	Wrth gwrs y gwna i.
Elida	Dwedwch wrtho am ddod ar unwaith achos nawr alla i mo'i weld e.
Arnholm	Ei weld e?
Elida	O, fyddech chi ddim yn deall. Pan dyw e ddim 'da fi, dwi ddim yn gallu cofio'n iawn sut un yw e – ac yna dwi'n teimlo fel 'tawn i wedi'i golli'n llwyr, ac mae hwnna'n boenus. Brysiwch wir.

Mae'n cerdded yn ôl ac ymlaen o gwmpas y pwll.

Bolette	*(Wrth Arnholm)* Ddo' i gyda chi. Fyddech chi ddim yn gwybod ble i …
Arnholm	Do' i ben â hi.

Bolette	*(Yn gostwng ei llais)* Na, ma arna i ofn ei fod e wedi mynd at y stemar.
Arnholm	Ofn?
Bolette	Mae e'n arfer mynd i weld os yw'n nabod rai o'r teithwyr. A wedyn ma fe'n mynd i'r bar.
Arnholm	A – wela i. Dowch 'te. *(Mae e a Bolette yn mynd allan i'r chwith)*

Mae Elida yn sefyll am ennyd, gan edrych i lawr ar y pwll ac yna'n llefaru rhai pethau iddi hi ei hun. Ar hyd y llwybr tu hwnt i ffens yr ardd, mae dieithryn mewn dillad teithio yn dod. Mae ei wallt a'i farf yn goch a thrwchus. Mae'n gwisgo capan gyda bag teithio sy'n hongian dros ei ysgwydd. Cerdda ymlaen at y ffens gan edrych i mewn i'r ardd. Yna, pan mae'n dal cipolwg ar Elida, saif yn stond ac edrych arni'n fwriadol gan siarad yn dawel.

Dieithryn	Noswaith dda, Elida.
Elida	*(Yn troi o gwmpas gan yngan)* A 'nghariad i – dyma chi o'r diwedd.
Dieithryn	Ie, o'r diwedd.
Elida	*(Yn edrych arno eto gyda braw a syndod)* Pwy y'ch chi? Y'ch chi'n chwilio am rywun?
Dieithryn	Ti'n gwybod 'y mod i, f'anwylyd.
Elida	*(Llawn syndod eto)* Esgusodwch fi? Pam siarad fel 'na â fi? Am bwy y'ch chi'n chwilio?
Dieithryn	Chwilio amdanat ti, wrth gwrs.
Elida	*(Yn crynu)* O, o … *(Mae'n edrych arno am eiliad yna'n camu 'nôl gan geisio mygu llef)* O, y llyged 'na, y llyged 'na!

Dieithryn	Felly, fy nabod o'r diwedd. Ro'n i'n dy nabod di ar unwaith, Elida.
Elida	Y llyged 'na! Peidiwch edrych arna i fel 'na. Neu fydda i'n gweiddi am help.
Dieithryn	Sshh. Paid â dychryn. Dwi ddim yn mynd i dy frifo.
Elida	*(Gan guddio ei llygaid gyda'i llaw)* Peidiwch ag edrych fel 'na arna i wedes i!
Dieithryn	*(Gan bwyso ei freichiau dros y ffens)* Des i ar y stemar.
Elida	*(Mae'n cymryd cipolwg sydyn arno)* Beth y'ch chi eisie gyda fi?
Dieithryn	Addewais i ddod 'nôl gynted fyth ag y gallwn.
Elida	Ewch, da chi. A pheidiwch â dod 'nôl. Byth. Wedes i fod popeth drosodd. Sgrifennais i ddweud hynny – chi'n gwybod hynny.
Dieithryn	*(Hyn ddim yn mennu dim arno, ac nid yw'n ei hateb)* Ro'n i am ddod yn gynt ond allwn i ddim. Ond nawr, dyma fi, Elida.
Elida	Beth y'ch chi eisie? Pam y'ch chi 'ma?
Dieithryn	Ti'n gwybod pam. Wedi dod i dy nôl.
Elida	*(Yn cilio braidd mewn dychryn)* I'm hôl i?
Dieithryn	Ie.
Elida	Ond rhaid bod chi'n gwybod 'mod i'n briod.
Dieithryn	Ydw, wi'n gwybod hynny hefyd.
Elida	Ac er hynny – fe benderfynoch chi ddod i'm hôl i?
Dieithryn	Do.

Elida	*(Yn rhoi ei phen yn ei dwylo)* O mae hyn yn ofnadw. Ofnadw.
Dieithryn	Ti ddim am ddod, 'y nghariad?
Elida	*(Yn wyllt)* Peidiwch ag edrych arna i fel 'na!
Dieithryn	Rwy'n gofyn i ti – ti ddim am ddod?
Elida	Na, na, na. Byth. Wna i ddim. Rwy'n dweud wrtho chi alla i ddim – *(Mewn llais is)* feiddia i ddim.
Dieithryn	*(Yn dringo dros y ffens gan ddod i'r ardd)* O'r gore 'te Elida ... ond dweda un peth bach wrtha i cyn i fi fynd.

Mae Elida am adael ond yn methu; saif wedi ei pharlysu gan arswyd, gan bwyso ar foncyff coeden ger y pwll.

Elida	Peidiwch â 'nghyffwrdd i. Peidiwch â dod yn agos ata i. Arhoswch lle ry'ch chi. Peidiwch a 'nghyffwrdd i, ddwedes i!
Dieithryn	*(Yn dod yn nes ati – yn ara deg)* 'Sdim raid i ti fod mor ofnus ohona i, Elida.
Elida	*(Mae'n cuddio ei llygaid gyda'i dwylo)* Peidiwch ag edrych arna i fel 'na.
Dieithryn	'Sdim rhaid dychryn.

Dr Wangel yn dod i mewn trwy'r ardd o'r chwith.

Wangel	*(Mae hanner ffordd rhwng y coed)* 'Nghariad, mae'n flin 'da fi'ch cadw.

Elida yn rhuthro tuag ato gan lynu'n dynn yn ei fraich, a gollwng llef.

Elida	O Wangel, achubwch fi, os medrwch.

Wangel	Elida, beth ar wyneb y ddaear?
Elida	Achubwch fi, Wangel. Allwch chi mo'i weld e'n sefyll fan'na?
Wangel	*(Gan edrych arno)* Y dyn 'ma? *(Mae'n mynd tuag ato)* Ga i ofyn pwy y'ch chi a beth y'ch chi'n ei neud yn 'y ngardd i?
Dieithryn	*(Yn amneidio tuag at Elida)* Dwi am siarad â hi.
Wangel	O wela i. Felly chi o'dd e? *(Wrth Elida)* Fe wedon nhw yn y tŷ bod rhyw ddieithryn wedi galw gan ofyn amdanoch chi.
Dieithryn	Ie, fi oedd e.
Wangel	A beth i chi mo'yn gyda 'ngwraig i? *(Troi at Elida)* Y'ch chi'n ei nabod Elida?
Elida	*(Mewn llais isel, gan gydio yn ei dwylo'n nerfus)* Ydw, ydw wir.
Wangel	*(Yn chwim)* Wel?
Elida	O Wangel, dyma'r dyn y sonies amdano!
Wangel	Beth? Chi'n meddwl dweud wrtha i …? *(Troi)* Ai chi yw'r Johnston oedd unwaith …?
Dieithryn	Wel, fe allwch chi alw fi Johnston. 'Sdim ots gen i – er nid dyna wi'n galw'n hunan.
Wangel	Nage?
Dieithryn	Dim mwyach.
Wangel	A beth i chi'n mo'yn 'da 'ngwraig? Mae'n rhaid eich bod yn gwybod i ferch ceidwad y goleudy briodi amser maith yn ôl … ac yn gwybod pwy briododd hi.

Dieithryn	Wi'n gwybod ers tair blynedd neu ragor.
Wangel	*(Gyda chwilfrydedd)* A sut ddaethoch chi i wybod?
Dieithryn	Ro'n i ar fin dod i'w hôl, a mi welais hen bapur newydd – un lleol – a gweld hanes y briodas.
Elida	*(Yn syllu'n syth o'i blaen)* Ein priodas ni. Felly dyna pam …
Dieithryn	Oedd e'n swnio'n rhyfedd i fi. Achos pan naethon ni glymu'n modrwyau Elida, roedd honno'n briodas hefyd.
Elida	*(Gan guddio ei hwyneb yn ei dwylo)* O.
Wangel	Rhag eich cywilydd.
Dieithryn	Wedi anghofio?
Elida	*(Wrth weld ei wyneb yn gollwng llef)* Peidiwch sefyll fel 'na yn edrych arna i.
Wangel	*(Yn mynd i fyny ato)* Mae'n well i chi drafod gyda fi ac nid y hi. Felly – i siarad yn blaen, beth yw'ch busnes chi 'ma? Pam y'ch chi wedi dod i chwilio am 'y ngwraig?
Dieithryn	Addawes i Elida y down amdani cyn gynted ag y medrwn.
Wangel	Beth y'ch chi'n ei feddwl wrth 'Elida'?
Dieithryn	Ac addawodd Elida i aros yn ffyddlon nes i fi ddod 'nôl.
Wangel	Chi'n dal i alw fy ngwraig wrth ei henw cynta a'i galw'n 'ti' – mae 'na'n hollol amharchus.
Dieithryn	Dwi'n gwybod ond gan ei bod yn perthyn i fi.

Wangel	I chi?
Elida	*(Yn cilio y tu ôl i Wangel)* Wnaiff e byth adael i fi fynd.
Wangel	Y'ch chi'n meddwl ei bod hi'n perthyn i chi?
Dieithryn	Ddwedodd hi ddim am y ddwy fodrwy – fy un i ac un Elida?
Wangel	Do ond … beth am hynny? Rhoddodd ddiwedd ar y peth amser maith 'nôl. Gawsoch chi'r llythyrau, do?
Dieithryn	Gytunodd Elida a finne y bydde'r modrwyau 'na'n ein clymu at ein gilydd gystal â phe bydde'n briodas go iawn.
Elida	Ond dwi ddim am hynny, chi'n clywed? Dwi ddim am glywed oddi wrtho chi byth eto. Peidiwch ag edrych arna i fel 'na. Dwi ddim eisie, chi'n clywed?
Wangel	Mae'n rhaid eich bod o'ch co' os y'ch chi'n credu y gallwch chi ddod 'ma a mynnu rhyw hawl. Y fath ddwli.
Dieithryn	Mae'n wir, sgen i mo'r hawl yn y ffordd y'ch chi'n ei feddwl.
Wangel	A beth y'ch chi am ei wneud felly? Smo chi'n dychmygu y gallwch chi gymryd hi oddi arna i trwy drais y'ch chi? Yn erbyn ei hewyllys?
Dieithryn	Fydde dim pwynt gwneud hynny. Os yw Elida am fod gyda fi, yna, rhaid iddo fod o'i hewyllys ei hunan, ac o'i gwirfodd –
Elida	*(Gan weiddi allan)* O'm gwirfodd?
Wangel	Y'ch chi yn credu go iawn …?

Elida	*(Wrthi ei hun)* Fy ewyllys i – fy hunan – o'm gwirfodd?
Wangel	Rhaid eich bod wedi colli arnoch – ewch. Ewch o 'ma. 'Sdim byd rhagor i weud.
Dieithryn	*(Yn edrych ar ei oriawr)* Mae hi bron yn amser i fi fynd 'nôl ar fwrdd y llong. *(Mynd tuag ati).* Wel Elida, dwi wedi gwneud beth oedd yn rhaid ei wneud. *(Dod yn nes eto).* Gadwes i 'ngair.
Elida	*(Yn cilio ymaith a phledio)* O peidiwch â 'nghyffwrdd.
Dieithryn	Mae 'da ti tan nos fory, 'te – i feddwl amdano.
Wangel	'Sdim byd i feddwl amdano. Felly cerwch – bant â chi!
Dieithryn	*(I Elida eto)* Fydda i'n mynd ar y stemar i fyny'r ffiord, ond fydda i 'nôl nos fory. Arhosa yn yr ardd amdana i – fydde'n well setlo hyn gyda'n gilydd.
Elida	*(Mewn llais isel, crynedig)* O Wangel, glywsoch chi 'na?
Wangel	Pwyllo sy eisie. Ffeindiwn ni ffordd o'i atal.
Dieithryn	Hwyl fawr am nawr, Elida. Tan nos fory.
Elida	*(Yn cilio eto)* O na, na – peidiwch â dod nos fory! Na'r un noson arall. Byth!
Dieithryn	Ac os taw'r penderfyniad fydd i ddod draw dros y don 'da fi …
Elida	Peidiwch edrych fel 'na.
Dieithryn	Beth wi'n feddwl yw – os am ddod gyda fi – mae'n well bod yn barod i adael.

Wangel	Ewch lan i'r tŷ Elida.
Elida	Alla i ddim. O helpwch fi. Wnewch chi'n achub i, Wangel?
Dieithryn	A chofia – os mai 'na' fydd yr ateb fory, yna, bydd popeth drosodd.
Elida	*(Edrych arno yn grynedig)* Am byth?
Dieithryn	*(Gan nodio)* All dim ei newid wedyn, Elida. A ddo' i i ddim 'ma byth 'to. 'Nei di mo 'ngweld i 'to, na chlywed oddi wrtha i – byth. Fydd e fel 'tawn i wedi marw.
Elida	*(Yn dal ei hanadl)* O!
Dieithryn	Felly, ystyria'n ofalus. Da bo.

Mae'n mynd at y ffens yn ei ddringo, yn stopio ac yn siarad.

Dieithryn	A bod yn barod i adael nos fory.

Â yn araf ac yn hamddenol i lawr y llwybr i'r dde.

Elida	*(Yn edrych i'w gyfeiriad am ennyd)* O fy ewyllys i, fy hunan bach – dyna ddwedodd e. Glywsoch chi? Dwedodd y dylwn fynd gydag e o'm hewyllys fy hunan, – o'm gwirfodd.
Wangel	Gan bwyll nawr. Ara deg. Mae e wedi mynd a welwch chi mohono byth 'to.
Elida	O, sut allwch chi fod mor siŵr? Mae e'n dod 'nôl nos yfory!
Wangel	Gadewch iddo ddod. Beth bynnag ddigwyddith, fyddwch chi ddim 'ma i'w weld e.

Elida	*(Yn ysgwyd ei phen)* O Wangel. Allwch chi mo'i rwystro.
Wangel	Gallaf wir. Gadewch y cwbwl i fi.
Elida	*(Yn meddwl a heb wrando arno)* Felly wedi iddo fod 'ma nos fory … a hwylio ar draws y môr …
Wangel	Ie?
Elida	Fydd e byth – byth – yn dod yn ôl?
Wangel	Na, Elida, wrth gwrs na fydd e. Pam ddyle fe? Nawr ry'ch chi wedi dweud wrtho nad y'ch chi am ymwneud rhagor ag e. Mae popeth ar ben.
Elida	*(I'w hunan)* Fory, ie, neu byth eto.
Wangel	A phe bydde fe'n dod 'nôl –
Elida	Beth wedyn?
Wangel	Yna, fyddwn ni'n gallu rhoi taw arno fe.
Elida	Dwi ddim mor siŵr.
Wangel	Os na fydd unrhyw ffordd arall o gael ei wared e, yna gall ateb am lofruddio'r capten.
Elida	*(Yn angerddol)* Na, na, allwch chi ddim. 'Sdim syniad 'da ni sut y bu'r capten farw. Ddim o gwbl.
Wangel	Dim o gwbl? Wel fe gyffesodd i chi?
Elida	Na, ni'n gwybod dim. Ac os dwedwch chi rywbeth mi wnaf i ei wadu. Rhaid iddo beidio â chael ei gaethiwo. Mae e'n perthyn i'r môr agored. Fan 'na – mae e'n perthyn.
Wangel	*(Yn araf wrth edrych arni)* O Elida, Elida!

Elida	*(Yn glynu wrtho'n angerddol)* O, 'nghymar ffyddlon, achubwch fi rhag y dyn.
Wangel	*(Yn dyner mae'n rhyddhau ei hun rhagddi)* Dewch nawr – dewch gyda fi.

Daw Lyngstrand a Hilde gyda theclynnau pysgota o gwmpas y pwll o'r dde.

Lyngstrand	*(Yn rhuthro at Elida)* O, Mrs Wangel, mae gyda ni newyddion rhyfeddol i rannu â chi!
Elida	Beth?
Lyngstrand	Ni newydd weld yr Americanwr.
Wangel	Yr Americanwr?
Hilde	Do, weles i fe 'fyd.
Lyngstrand	Aeth e at gefn yr ardd, ac mae e wedi mynd nawr ar y stemar.
Wangel	Ond sut oeddech chi'n ei nabod?
Lyngstrand	Wnes i hwylio gyda fe unwaith. Ro'n i'n weddol siŵr iddo foddi, a nawr dyma lle mae e – yn fwy byw na byw.
Wangel	Ych chi'n gwybod rhywbeth arall amdano?
Lyngstrand	Dim. Ond fentra i ei fod e wedi dod 'nôl adre i ddial ar ei wraig anffyddlon.
Wangel	Beth y'ch chi'n ei feddwl?
Hilde	Ma Lyngstrand yn mynd i'w ddefnyddio fel syniad ar gyfer ei gerflun.
Wangel	Beth yn y byd yw'r holl sgwaffl 'ma?

Elida   Gewch chi glywed nes mlaen.

Arnholm a Bolette yn dod i mewn o'r chwith ar hyd y llwybr y tu allan i'r ardd.

Bolette   *(I'r rhai yn yr ardd)* Drychwch. Mae'r stemar yn cychwyn lan y ffiord nawr.

Mae'r stemar yn gleidio heibio yn y pellter.

Lyngstrand   *(I Hilde sydd tu ôl i ffens yr ardd)* Wi'n siŵr y daw e o hyd iddi heno.

Hilde   *(Yn nodio)* Ei wraig anffyddlon e.

Lyngstrand   Ganol nos. Dychmygwch.

Hilde   O, 'na gyffrous.

Elida   *(Yn edrych ar ôl y stemar)* Fory.

Wangel   Ond beth wedyn?

Elida   O, Wangel, newch chi'n achub i – rhag fi fy hunan?

Wangel   *(Gan edrych yn bryderus)* Wi'n credu'ch bod chi'n cadw rhywbeth wrtho i.

Elida   Ydw, grym dychrynllyd.

Wangel   Grym?

Elida   Ie, mae'r dyn 'na fel y môr.

Mae hi'n mynd allan drwy'r ardd i'r chwith a hynny yn feddylgar ac araf. Wangel yn cerdded yn anesmwyth wrth ei hochr gan edrych yn bryderus arni.

Act Pedwar

Ystafell yr ardd, Dr Wangel. Drysau i'r dde ac i'r chwith. Yn y
cefndir, rhwng dwy ffenest, drws gwydr agored sy'n arwain allan i'r
feranda, gyda rhan o'r ardd y tu hwnt i hynny. I'r chwith mae soffa,
a bwrdd, i'r dde, piano a thu ôl mae stand uchel ac arno blanhigyn.
Yng nghanol y stafell, mae bwrdd crwn, gyda chadeiriau. Ar y bwrdd
mae coeden rosyn sydd yn ei blodau, a phlanhigion eraill o gwmpas y
stafell. Mae'n fore.

Mae Bolette yn eistedd ar y soffa ger y bwrdd, yn gwneud brodwaith,
Lyngstrand yn eistedd ym mhen pella'r bwrdd. Mae Ballested yn yr
ardd, yn peintio. Hilde yn sefyll yn ei wylio. Lyngstrand, gyda'i ddwylo
ar y bwrdd yn eistedd gan wylio Bolette yn gwnïo.

Lyngstrand   Mae'n rhaid ei fod yn waith caled i wneud border fel
                 'na, Miss Wangel.

Bolette   Na, ddim os y'ch chi'n cofio shwd i gyfri.

Lyngstrand   Oes raid i chi gyfri?

Bolette   Oes, y pwythau. Fel 'ma.

Lyngstrand   Wel, wel. Oes wir. Mae e bron iawn yn gelfyddyd. Y'ch
                 chi'n gwneud eich patrwm eich hunan?

Bolette   Ydw, os oes rywbeth 'da fi i ddilyn.

Lyngstrand   Ond ddim heb gopi?

Bolette   Na.

Lyngstrand   Felly dyw e ddim yn gelfyddyd wedi'r cyfan.

Bolette   Na rhyw fath o waith llaw, weden i.

Lyngstrand	Ond tebyg y gallech chi ddysgu ei droi'n gelfyddyd.
Bolette	Beth? Hyd yn oed heb ddawn?
Lyngstrand	Pe baech chi'n cael amser gydag artist go iawn.
Bolette	Y'ch chi'n credu y gallwn i ddysgu wrtho?
Lyngstrand	Nid dysgu yn y ffordd arferol, ond byddai'n digwydd yn raddol fel rhyw fath o wyrth, Miss Wangel.
Bolette	Bydde 'na'n fendigedig.
Lyngstrand	*(Saib bach)* Y'ch chi erioed wedi meddwl – fel alla i ddweud e – meddwl o ddifri am briodi, Miss Wangel?
Bolette	*(Yn syllu arno)* Beth? O na.
Lyngstrand	Mi rydw i.
Bolette	Wir?
Lyngstrand	Ydw. Dwi'n aml yn meddwl am bethe fel 'na, yn arbennig am briodi. Wedi darllen nifer fawr o lyfrau ar y testun. Dwi'n meddwl fod priodas yn wyrth – y ffordd y mae merch neu wraig yn newid yn raddol i fod yn debyg i'w gŵr.
Bolette	Chi'n meddwl ei bod hi'n dod i rannu ei ddiddordebau?
Lyngstrand	Yn union.
Bolette	Ond beth am ei allu – ei sgilie a'i ddawn?
Lyngstrand	O ie, y rheiny hefyd, efallai.
Bolette	Wela i. Felly y'ch chi'n meddwl fod popeth ma dyn yn ei ddarllen neu wedi'i feddwl – y gall ei wraig eu derbyn?

Lyngstrand   Ydw, dwi'n meddwl hynny. Yn raddol. Mae'n wyrth.
             Ond dwi'n gwybod y gall hynna ddigwydd, dim
             ond mewn priodas go iawn – un sy'n ddedwydd a
             chariadus.

Bolette   Ond dyw e ddim wedi'ch taro y gall y dyn ddod yn
             fwy tebyg i'w wraig? Tyfu'n debyg iddi hi?

Lyngstrand   Dyn? O na, wnes i ddim meddwl hynny.

Bolette   Pam lai?

Lyngstrand   Am fod dyn yn cael galwedigaeth. A dyna sy'n
             ei wneud e'n gryf, Miss Wangel. Mae gan ddyn
             alwedigaeth – mae'n cael ei alw.

Bolette   Pob dyn?

Lyngstrand   Wel, ro'n i'n meddwl am artistiaid, wir.

Bolette   Y'ch chi'n credu ei fod e'n iawn i artist briodi?

Lyngstrand   Dwi'n meddwl hynny, os gall e ddod o hyd i rywun
             mae'n ei charu go iawn, yna –

Bolette   Ond na ddyle fe fyw i'w gelfyddyd a dim ond 'ny?

Lyngstrand   Wrth gwrs. Ond gall wneud hynny pan mae'n briod.

Bolette   Ond beth amdani hi?

Lyngstrand   Hi? Pwy?

Bolette   Y ferch mae e'n ei phriodi. I beth y dyle hi fyw?

Lyngstrand   O, i'w gelfyddyd e. Dwi'n meddwl y dyle hynny
             wneud gwraig yn hapus dros ben.

Bolette   Mmm – dwi ddim mor siŵr.

Lyngstrand	O ie, credwch fi, Miss Wangel. Nid dim ond yr anrhydedd a'r parch gaiff hi o fod yn wraig iddo. O na. Dyna'r lleia o'i mwynhad. Na, gall fod o gymorth iddo greu, ysgafnhau ei faich, edrych ar ei ôl, a'i wneud yn ddedwydd. Dwi'n meddwl y bydde hynny'n rhoi pleser mawr i wraig.
Bolette	Dy'ch chi ddim yn gweld mor fawreddog y'ch chi.
Lyngstrand	Fi? Mawredd annwyl! Pe baech chi'n fy adnabod yn well. *(Yn plygu'n nes ati)* Miss Wangel, pan fydda i wedi mynd – mewn byr o dro nawr –
Bolette	*(Yn edrych yn dosturiol arno)* O peidiwch â throi'n angladdol i gyd!
Lyngstrand	Wela i ddim byd angladdol am y peth.
Bolette	Beth y'ch chi'n feddwl 'te?
Lyngstrand	Wel, ymhen y mis, bydda i o' ma. Yn gynta, fe â' i adre, a wedi hynny i'r de.
Bolette	O ie, wrth gwrs.
Lyngstrand	Wnewch chi feddwl amdana i weithie, Miss Wangel?
Bolette	Wrth gwrs.
Lyngstrand	*(Yn fodlon)* Addo?
Bolette	Addo.
Lyngstrand	Ar eich gair, Miss Wangel?
Bolette	Ar 'y ngair. *(Newid cywair)*. Ond i ba ddiben? I ba les?
Lyngstrand	Bydde fe'n hyfryd meddwl amdanoch chi yn eich cartre, yn meddwl amdana i.

Bolette	Ond be wedyn?
Lyngstrand	Wel, wn i ddim.
Bolette	Na finne. Gymaint o rwystrau. I weud y gwir, mae popeth yn rhwystr, wi'n meddwl.
Lyngstrand	O fe alle gwyrth ddigwydd rywfodd neu'i gilydd. Achos rwy'n ffyddiog mod i'n mynd i fod yn lwcus.
Bolette	*(Yn eiddgar)* Chi'n credu hynny?
Lyngstrand	Ydw wi'n hollol siŵr. A – wedi cwpwl o flynyddoedd i ffwrdd – mi ddo' i 'nôl fel cerflunydd enwog yn graig o arian a bydda i'n holliach.
Bolette	Ie, gobeithio 'ny.
Lyngstrand	Allwch chi fod yn bendant o hynny. Cyhyd â'ch bod yn fy nghofio pan fydda i – i ffwrdd. Ac ry'ch chi wedi addo.
Bolette	Do, wi'n gwbod. *(Ysgwyd ei phen)*. Ond fydde fe ddim o les i chi.
Lyngstrand	O bydd, Miss Bolette. Bydda i'n gallu bwrw ymlaen yn hawdd gyda 'ngwaith.
Bolette	Y'ch chi'n credu 'ny?
Lyngstrand	Wi'n hollol argyhoeddedig o hynny. A bydd yn dda i chi hefyd, allan yn fan hyn yn yr unigeddau, i wybod eich bod yn fy helpu i – i greu.
Bolette	*(Gan edrych arno)* Ond beth amdanoch chi?
Lyngstrand	Fi?
Bolette	*(Gan edrych allan i'r ardd)* Sssh. Gadewch i ni siarad am rywbeth arall. Ma'r athro'n dod.

Mae Arnholm yn ymddangos yn yr ardd i'r chwith – mae'n aros i siarad gyda Ballested a Hilde.

Lyngstrand   Y'ch chi'n hoff o'ch hen diwtor, Miss Bolette?

Bolette   Hoff ohono?

Lyngstrand   Ie, y'ch chi'n ei hoffi'n fawr?

Bolette   O, ydw. Ma'n ffrind da ac yn barod ei gyngor, a bob amser yn barod i helpu, os gall e.

Lyngstrand   Nad yw e'n rhyfedd ei fod heb briodi?

Bolette   Chi'n meddwl 'ny?

Lyngstrand   Ydw achos maen nhw'n dweud fod ganddo boced go ddwfn.

Bolette   Ie, tebyg fod ganddo. Ond wi'n siŵr ei fod e'n galed dod o hyd i rywun fydde'n ei gymryd e.

Lyngstrand   Pam hynny?

Bolette   Wel, ma'r rhan fwya o ferched ifanc mae e'n eu nabod 'di bod yn ddisgyblion iddo fe. Ma e'n gweud 'ny ei hunan.

Lyngstrand   Pa wahaniaeth mae hynny'n ei neud?

Bolette   Hawyr bach, chi ddim yn priodi dyn sydd wedi bod yn diwtor i chi!

Lyngstrand   Chi ddim yn meddwl y gall merch ifanc ffoli ar ei thiwtor?

Bolette   Ddim ar ôl iddi – ddod i oedran gweddol.

Lyngstrand   Wir? Wel, am agoriad llygad.

Bolette   *(Yn ei rybuddio)* Sssh! Dim nawr.

84

*Mae Ballested wedi bod yn casglu ei offer a'u cario allan o'r ardd
i'r dde. Mae Hilde yn ei helpu. Daw Arnholm a chamu i fyny ar y
feranda a cherdded i mewn i'r stafell.*

Arnholm   Bore da, Bolette annwyl. Bore da, Mr – ym –

*Mae'n edrych braidd yn ddig ac yn nodio'n oeraidd at Lyngstrand,
sy'n codi a phlygu o'i flaen.*

Bolette   (*Yn codi a mynd lan at Arnholm*) Bore da, Mr
            Arnholm.

Arnholm   A sut mae'r hwyl ar bawb heddi?

Bolette   Iawn, diolch.

Arnholm   Ydy'ch llysfam wedi mynd i nofio?

Bolette   Na, mae hi lan lofft.

Arnholm   Ddim yn hwylus?

Bolette   Dwi ddim yn gwbod. Mae hi wedi cloi ei drws.

Arnholm   O, do fe?

Lyngstrand Roedd Mrs Wangel yn swnio'n gynhyrfus ynglŷn â'r
            Americanwr 'na ddoe.

Arnholm   Beth y'ch chi'n ei wybod am hynny?

Lyngstrand Wedes i wrth Mrs Wangel i fi ei weld e yn y cnawd ar
            bwys yr ardd.

Arnholm   Wela i.

Bolette   O'ch chi a Tada ar eich traed tan yn hwyr neithiwr.

Arnholm   O'n. Digon o bethe i'w trafod.

Bolette   Lwyddoch chi i roi gair caredig drosta i?

Arnholm	Na, Bolette fach, allwn i ddim. Roedd pethe eraill ar ei feddwl.
Bolette	*(Yn ochneidio)* Alla i ddychmygu.
Arnholm	Ond gadewch i ni siarad yn nes ymlaen. Beth bynnag, ble mae'ch tad? Ydi e gartre?
Bolette	Ma'n rhaid ei fod e'n y feddygfa. Af i nôl e nawr.
Arnholm	Na, peidiwch. Mae'n well gen i fynd y'n hunan.
Bolette	*(Yn gwrando am sŵn)* Rhoswch funud Mr Arnholm, wi'n credu mai fe sy'n dod lawr y sta'r. Wedi bod yn ei gweld hi, siŵr o fod.

Daw Wangel i mewn o'r drws ar y chwith.

Wangel	*(Mae'n ysgwyd llaw Arnholm)* A – 'nghyfaill annwyl, ry'ch chi 'ma'n barod. Bendith arnoch chi am ddod mor gynnar. Mae sawl peth y leiciwn i drafod 'da chi.
Bolette	*(I Lyngstrand)* Ewn ni at Hilde yn yr ardd.
Lyngstrand	Fydden i wrth 'y modd Miss Wangel.

Mae Lyngstrand a Bolette yn mynd i lawr i'r ardd ac yna allan drwy'r coed.

Arnholm	*(Wrth ei gwylio'n mynd gan droi at Wangel)* Beth y'ch chi'n ei wybod am y dyn ifanc 'na?
Wangel	Dim byd o gwbl.
Arnholm	Y'ch chi'n hapus ei fod e'n treulio gymaint o amser 'da'r merched?
Wangel	Ody e? Sylwes i ddim.
Arnholm	Falle y bydde'n dda cadw golwg …

Wangel	Falle'ch bod chi'n iawn. Ond trugaredd sy'n gwbod, beth all dyn ei neud? Maen nhw wedi hen arfer â gofalu am eu hunain a wnân nhw ddim gwrando gair arna i nag ar Elida.
Arnholm	Nag Elida chwaith?
Wangel	Na, a ta beth, alla i ddim â disgwyl iddi hi boeni am bethe fel 'na. Nid dyna'i chryfder hi. Ond nid dyna ro'n i am ei drafod. Dwedwch, y'ch chi wedi meddwl mwy am yr hyn wedes i, neithwr?
Arnholm	Heb feddwl am ddim byd arall.
Wangel	A beth y'ch chi'n meddwl ddylen ei neud?
Arnholm	Ddoctor annwyl – fel doctor fyddech chi'n gwybod yn well na fi.
Wangel	A – ond dy'ch chi ddim yn gwybod pa mor anodd yw hi i ddoctor wella claf mae'n ei addoli. A beth bynnag, nid afiechyd cyffredin yw e – na mater o roi rhyw feddyginiaeth gyffredin.
Arnholm	A sut mae hi heddi?
Wangel	Ro'n i gyda hi gynne fach ac o leia roedd hi'n dawel. Ond y tu mewn, mae 'na rywbeth alla i mo'i gyrraedd – rhywbeth ynghudd sy'n ei gwneud yn ddi-ddal. Yn anwadal.
Arnholm	Rhan o'i chyflwr, siŵr o fod.
Wangel	Na, mae'n fwy na hynny. Y gwir plaen yw … fe gafodd ei geni fel 'na. Mae'n dod o ymyl môr. Dyna'r broblem fawr.
Arnholm	A beth yw ystyr hynny?

87

Wangel	Y'ch chi ddim wedi sylwi fel mae pobl sy'n byw'n agos i'r môr agored yn wahanol i bawb arall? Mae fel 'se'r môr yn rhan ohonyn nhw. Eu teimladau'n mynd a dod 'da'r llanw. A gallwch chi mo'u tynnu o olwg y môr. Ddylswn fod wedi sylweddoli hynny. Chi'n gweld, 'y mai i yw e gyd. Trosedd anfaddeuol oedd dod ag Elida 'ma.
Arnholm	Chi wir yn credu hynny?
Wangel	Ydw, bob dydd bellach, ond dylwn fod wedi deall o'r dechre. Ro'n i'n ei wybod ym mêr fy esgyrn ond yn ffaelu a'i gyfadde. Chi'n gweld, wi'n ei charu'n angerddol ond ro'n i'n meddwl am y'n hunan. Dwi 'di bod mor hunanol.
Arnholm	Wel, mae'r rhan fwyaf o ddynion ychydig yn hunanol pan mae'n dod i bethe fel 'na. Dyw e ddim yn fai dwi wedi sylwi arno ynddoch chi o'r blaen.
Wangel	(Yn cerdded o gwmpas y stafell) A wi wedi para i fod yn hunanol ers hynny. Dwi gymaint yn hŷn na hi – ddylwn i fod wedi bod yn dad iddi, ei harwain – ddylwn i fod wedi gwneud yr hyn a allwn i'w dysgu, i agor ei llyged. Ond wnes i ddim byd, a doedd gen i mo'r archwaeth – a beth bynnag ro'n i am ei chadw hi fel yr oedd. A dyna fel yr a'th pethe o ddrwg i waeth, a finne mewn penbleth. (Mewn llais is) A dyna pam sgrifennais i mewn gwewyr a gofyn i chi ymweld.
Arnholm	(Yn edrych mewn syndod arno) Beth? Ai dyna pam sgrifennoch chi?
Wangel	Ie, ond peidiwch â chymryd arnoch.
Arnholm	Ond ddoctor annwyl, beth allwn i neud i newid pethe? Dwi ddim yn deall.

Wangel	Na, wrth gwrs, chi'n iawn. Wnes i gamgymryd. Ro'n i'n meddwl fod Elida wedi ymserchu ynoch chi unwaith, a'i bod, yn dawel bach, am fod gyda chi o hyd. Meddwl wnes i y bydde'n gwneud lles iddi'ch gweld 'to, i siarad am ei chartre – a'i hatgofion.
Arnholm	Felly sôn am eich gwraig oeddech chi pan sgrifennoch chi i ddweud fod rhywun yma'n aros a falle'n dyheu amdana i?
Wangel	Pwy arall?
Arnholm	(Yn frysiog) Ie, wrth gwrs. Fi gamddeallodd.
Wangel	Ro'n i mewn penbleth.
Arnholm	Ac ry'ch chi'n galw eich hunan yn hunanol!
Wangel	Gen i gymaint i wneud iawn amdano. Ro'n i am wneud popeth y gallwn i'w helpu.
Arnholm	Sut y'ch chi'n egluro gafael y dieithryn yma drosti?
Wangel	O, 'nghyfaill annwyl … mae'n rhaid bod yna fil o bethe y tu hwnt i'n deall ni.
Arnholm	Annealladwy felly?
Wangel	Wel 'sdim modd eu deall yn y ffordd arferol, resymegol.
Arnholm	Y'ch chi'n credu yn y math 'na o beth?
Wangel	Sai'n gredadun nac yn anghredadun – dwi ddim yn gwybod. Dyna pam dwi'n ei adael heb …
Arnholm	Dwedwch un peth wrtha i 'te – y peth 'na am lyged y plentyn –

Wangel	*(Yn swrth)* Sai'n credu gair o hwnna. Wi'n gwrthod credu'r fath beth. Ei dychymyg byw hi a dim byd arall.
Arnholm	A phan weloch chi'r dyn ddoe – sylwoch chi ar ei lyged e?
Wangel	Do wir.
Arnholm	Ac oedd 'na debygrwydd?
Wangel	*(Yn osgoi)* Wel, be alla i weud? Roedd hi'n dywyll. Ac roedd Elida wedi gweud gymaint – fel na allwn i fod yn ddiduedd.
Arnholm	Ie, wela i. Ond beth am y gweddill? Iddi deimlo'r arswyd 'na, y foment roedd y dyn ar ei ffordd?
Wangel	Wel dwi'n meddwl mai ei dychymyg hi sydd ar waith 'to, yn ystod y ddeuddydd ddiwetha. Doedd e ddim wedi ei tharo mor wael ar y dechre, ond pan wedodd Lyngstrand bod Johnston, neu Friman, neu beth bynnag yw ei enw – ar ei ffordd adre ym mis Mawrth dair blynedd 'nôl, rywsut fe wnaeth hi berswadio'i hunan i'w gofidie ddechre bryd hynny.
Arnholm	Do fe?
Wangel	Na, roedd yr arwyddion ymhell cyn hynny. Er, mae'n wir iddi gael pwl go gas ym mis Mawrth dair blynedd 'nôl.
Arnholm	Wel, te?
Wangel	Ond roedd hynny oherwydd yr amgylchiadau – ei chyflwr ar y pryd, adeg hynny.
Arnholm	Galle fod, neu beidio â bod.

Wangel	*(Yn troi ei ddwylo'n anniddig)* Ond i beidio â gallu ei helpu! Heb wybod sut i roi cyngor iddi ... heb wybod pa ffordd i droi.
Arnholm	Beth pe baech chi'n symud o fan hyn a symud i rywle arall, rywle fyddai'n teimlo'n fwy fel cartre iddi?
Wangel	Gyfaill annwyl, chi ddim yn meddwl 'mod i wedi awgrymu hynny? Awgrymes i symud i Skjoldvik, ond roedd hi'n pallu'n lân â gwrando.
Arnholm	Ddim hyd yn oed hynny?
Wangel	Na, dyw hi ddim yn meddwl y bydde hynny'n helpu – a falle ei bod yn iawn.
Arnholm	Y'ch chi'n credu hynny?
Wangel	Ydw. A pheth arall – dwi ddim yn gwybod sut y gallai'r peth ddigwydd. Bydde'n annheg symud y merched i le mor ddiarffordd. Wedi'r cyfan, ma'n rhaid iddyn nhw fyw mewn lle – lle mae na o leia ryw gyfle i'w gweld nhw'n priodi ryw ddydd.
Arnholm	Y'ch chi'n meddwl am hynny'n barod?
Wangel	Diwedd annw'l, mae'n rhaid i fi styried hynny. Ond wedyn, pan dwi'n meddwl am Elida druan fach yn diodde ... O Arnholm, dwi mewn picil go iawn.
Arnholm	Falle nad oes raid i chi boeni gymaint am Bolette ... *(Torri i ffwrdd)* Tybed lle mae hi, lle maen nhw wedi mynd? *(Mae'n mynd at y drws agored ac yn edrych allan)*
Wangel	*(Ger y piano)* O, fe wnelen i aberthu unrhyw beth – i'r tair ohonyn nhw – 'tawn i'n gwybod –

Daw Elida i mewn o'r drws ar y chwith.

Elida   *(Yn sydyn i Wangel)* Ewch chi ddim â 'ngadael i heddi, wnewch chi?

Wangel   Na, na, wrth gwrs na wna i. Wi'n aros 'ma gyda chi. *(Pwyntio at Arnholm sy'n dynesu)* Ond chi ddim wedi dweud bore da wrth ein cyfaill.

Elida   *(Yn troi)* O, Mr Arnholm – weles i mo'noch chi. *(Rhoi ei llaw iddo)* Bore da.

Arnholm   Bore da, Mrs Wangel. Felly, chi ddim yn nofio heddi?

Elida   Na, na, ddim heddi. Eisteddwch gyda ni am sbel?

Arnholm   Na, diolch yn fawr. Ddim nawr. *(Yn edrych ar Wangel)* Wedi addo mynd i'r ardd at y merched.

Elida   Duw a ŵyr os dewch chi o hyd iddyn nhw. Dwi byth yn gwybod lle maen nhw.

Wangel   Maen nhw siŵr o fod lawr ar bwys y pwll.

Arnholm   Wi'n siŵr o'u gweld nhw.

Mae'n nodio ac yn mynd ar draws y feranda ac allan drwy'r ardd ac i'r dde.

Elida   Beth yw hi o'r gloch, Wangel?

Wangel   *(Mae'n edrych ar ei oriawr)* Wedi troi un ar ddeg.

Elida   Ydi hi? A rhywbryd rhwng un ar ddeg a hanner awr wedi y daw'r stemar 'nôl heno. O, am gael diwedd ar y peth.

Wangel   *(Yn mynd draw ati)* Elida 'nghariad – mae 'na rywbeth wi am ofyn ichi.

Elida	Beth yw e?
Wangel	Echnos, i fyny ar yr Orwelfa, wedoch chi yn ystod y tair blynedd diwetha' i chi ddychymygu fe'n sefyll o'ch blaen – yn aml?
Elida	Do.
Wangel	Wel, shwd un o'dd e?
Elida	Sut un oedd e?
Wangel	Beth dwi'n feddwl yw – shwd oedd e'n edrych pan i chi feddwl i chi ei weld e?
Elida	Ond Wangel annwyl, ry'ch chi 'di gweld drosoch eich hunan sut oedd e'n edrych.
Wangel	Ie, ond ai fel 'na oedd e'n edrych i chi yn eich dychymyg?
Elida	Ie.
Wangel	Yn gwmws fel y gweloch chi fe neithwr?
Elida	Ie, fel 'na.
Wangel	Felly pam na naethoch chi ei nabod ar unwaith?
Elida	Wnes i ddim?
Wangel	Na, wedoch chi nad oedd syniad gyda chi pwy oedd y dieithryn i ddechre?
Elida	(Yn gymysglyd) Chi'n iawn. Rhyfedd ontife Wangel? I fi beidio â'i nabod ar unwaith.
Wangel	Dim ond ei lyged, meddech chi.
Elida	A – ie. Ei lyged. O – ei lyged.

93

Wangel	Ond ar yr Orwelfa, fe wedoch ei fod e'n edrych yn gwmws fel roedd e pan naethoch chi wahanu ddeng mlynedd 'nôl – mas fan'na.
Elida	Do fe?
Wangel	Do.
Elida	Wel siŵr o fod iddo edrych yn go debyg i'r hyn yw e nawr.
Wangel	Ond echnos, ar ein ffordd sha thre, fe naethoch chi ei ddisgrifio'n wahanol. Ddeng mlynedd 'nôl, wedoch chi nad o'dd barf 'da fe. A bod ei ddillad yn hollol wahanol. A beth am y pin tei perl. Doedd gan y dyn 'na ddoe, ddim byd o'r fath.
Elida	Na, doedd 'na ddim.
Wangel	(Mae'n edrych arni'n angerddol) Dwi am i chi Elida feddwl o ddifri nawr – neu falle na allwch chi gofio yn union fel roedd e'n edrych pan safoch chi ar Bratthammer gyda'ch gilydd.
Elida	(Yn fyfyrgar, gan gau ei llygaid) Na, ddim yn glir iawn. Na, dyna ryfedd? Heddi alla i mo'i gofio o gwbl.
Wangel	Dyw e ddim mor rhyfedd â hynny. Nawr, y'ch chi wedi gweld y person go iawn – mae e wedi dileu'r hen ddelwedd o'dd 'da chi, fel na allwch chi mo'i weld rhagor.
Elida	Y'ch chi'n credu hynny?
Wangel	Ydw. Ac mae'ch afiechyd wedi cilio hefyd. A dyna pam ma'n beth da eich bod wedi gweld y person go iawn –

Elida	Ydy e?
Wangel	Odi. Ma'r hyn ddigwyddodd falle yn fath o iachâd.
Elida	*(Yn eistedd ar y soffa)* Wangel – dewch i eistedd 'ma – mae'n rhaid i fi ddweud beth sy ar fy meddwl.
Wangel	Ie, gwnewch wir, Elida annwyl.

Mae'n eistedd ar y gadair ar yr ochr arall i'r bwrdd.

Elida	Anffawd oedd e … i ni'n dau … ddod ynghyd.
Wangel	*(Mewn syndod)* Beth wedoch chi?
Elida	Ie, dyna oedd e. Ac roedd e'n rhwym o fod fel 'na. Alle fe ddim arwain at ddim byd ond anhapusrwydd – o achos y ffordd y daethon ni at ein gilydd.
Wangel	Beth oedd o'i le ar –
Elida	Gwrandwch Wangel – 'sdim pwrpas twyllo'n gilydd na dweud anwiredd.
Wangel	Ydyn ni? Yn dweud anwiredd?
Elida	Ie, neu o leia ddim yn cyfadde'r gwir. Achos y gwir, y gwir syml yw… i chi fynd allan fanna a 'mhrynu i.
Wangel	Eich prynu chi? Prynu?
Elida	O, do'n i fawr gwell. Wnes i dderbyn y cynnig. Wnes i werthu'n hunan i chi.
Wangel	*(Yn edrych arni mewn poen)* O Elida sut allwch chi weud shwd beth?
Elida	Ond pa air arall sy? Doeddech chi ddim yn gallu diodde tŷ gwag dim mwy, ac yn pysgota am wraig newydd.

Wangel	A mam newydd i 'mhlant, Elida.
Elida	Ie, hynny hefyd, gyda phethe eraill. Ond doedd gyda chi ddim syniad a allwn i fod yn gymwys – doedden ni mond wedi siarad â'n gilydd unwaith neu ddwy. Ond roeddech chi am fy nghael ac felly ...
Wangel	Wel os mai dyna chi am ei alw.
Elida	Ac ro'n i – wel, ar goll – yn ddiymadferth, ac yn unig. A felly'n naturiol mi dderbyniais i pan ddaeth y cyfle i 'nghadw, tra byddwn i.
Wangel	Nid eich cadw ro'n i am neud, Elida annwyl. Ro'n i'n ei feddwl pan ofynnais i chi rannu'r chydig oedd 'da fi, gyda fi a'r merched.
Elida	Ie, ond ddylwn i ddim fod wedi derbyn. Ddylwn i ddim fod wedi gwerthu'n hunan. Byddai'r gwaith mwya tila, neu'r tlodi gwaetha wedi bod yn well – o'm hewyllys fy hunan, o'm gwirfodd.
Wangel	*(Gan godi)* Felly mae'r bum, na, y chwe blynedd ni wedi bod 'da'n gilydd yn golygu dim i chi o gwbl?
Elida	Peidiwch â meddwl fel 'na Wangel. Alle neb ddymuno mwy na'r hyn ry'ch chi wedi ei roi i mi – ond y gwir plaen yw na wnes i ddod i fyw atoch o'm hewyllys fy hunan.
Wangel	*(Yn edrych arni)* Ddim o'ch ewyllys eich hunan?
Elida	Na. Ddes i ddim o'm hewyllys fy hunan.
Wangel	*(Ei lais yn ddistaw braidd)* Rwy'n cofio'r sylw 'na, neithiwr.
Elida	Mae pob dim yn y geirie 'na. Mae e wedi taflu goleuni newydd ar 'y mywyd i. Nawr rwy'n gweld yn glir.

Wangel	Beth y'ch chi'n ei weld?
Elida	Nad yw'n bywyd ni gyda'n gilydd yn briodas go iawn.
Wangel	*(Yn chwerw)* Chi'n iawn. Dyw'r bywyd ry'n ni'n ei fyw nawr ddim wir yn briodas.
Elida	A doedd e ddim o'r blaen chwaith. Ddim o'r dechre'n deg. *(Edrych yn syth o'i blaen)* Y llall. Fe alle'r llall fod wedi bod yn briodas driw.
Wangel	Beth y'ch chi'n ei feddwl 'y llall'?
Elida	Fy un i. Gyda fe.
Wangel	*(Yn edrych mewn rhyfeddod)* Dwi ddim yn eich deall.
Elida	Wangel annwyl, gadewch i ni beidio â dweud anwiredd wrth ein gilydd nac wrthon ni'n hunain.
Wangel	Na. Ond i ble mae'r sgwrs 'ma'n mynd?
Elida	Allwch chi ddeall – 'sdim dianc ohono. Mae addewid sy'n cael ei rhoi o wirfodd calon yn gwlwm, yn union fel priodas.
Wangel	Ond beth yn y byd y'ch chi'n –
Elida	*(Yn codi'n gynhyrfus)* Rhowch ganiatâd i fi'ch gadael Wangel.
Wangel	Elida, Elida!
Elida	Ie, ie – gadewch i mi … mae'n mynd i ddigwydd p'run bynnag – ar ôl y ffordd y daethon ni at ein gilydd.
Wangel	*(Yn ymladd ei boen)* Felly y ma hi wedi dod i hyn?
Elida	Alle pethe ddim a bod fel arall.

Wangel	*(Gan edrych arni)* Wedyn drwy'r holl amser ni wedi bod 'da'n gilydd, dwi ddim wedi ennill eich calon?
Elida	O, Wangel – leiciwn i 'tawn i wedi gallu'ch caru fel ro'n i wir am … ond dwi'n gwybod na all hynny ddigwydd.
Wangel	Y'ch chi am ysgariad felly? Ysgariad ffurfiol, cyfreithiol – ife dyna i chi am?
Elida	O, d'ych chi ddim yn deall. Nid y pethe ffurfiol. Dyw'r rheiny ddim yn cyfri. Rwy am inni ddatod ein gilydd o'n ewyllys ni ein hunain.
Wangel	*(Yn chwerw, nodio'n araf)* Dileu ein cytundeb. Wela i.
Elida	*(Yn frwd)* Yn union. Torri'r cytundeb.
Wangel	Ond beth wedyn Elida? Y'ch chi wedi meddwl am ein bywyd – un chi a fi – shwd fydd e?
Elida	Does dim ots. Beth ddaw, a ddaw. Rwy'n erfyn arnoch i 'ngadael i'n rhydd … rhoi fy rhyddid yn ôl yn llwyr.
Wangel	Elida mae'r hyn chi'n gofyn amdano yn ofnadwy. O leia – gadewch i mi ga'l amser i feddwl drosto. Gadewch i ni drafod e'n drwyadl – a ma eisie amser arnoch chi i feddwl am yr hyn y'ch chi'n ei wneud.
Elida	'Sdim amser i'w golli. Rhaid i fi gael fy rhyddid heddi –
Wangel	Pam heddi?
Elida	Am ei fod e'n dod heno.
Wangel	*(Yn cael sioc)* Fe? Yn dod? Be sy gan y dieithryn 'ma i wneud â hyn?

Elida	Dwi am fod yn gwbl rydd pan ry'n ni'n cwrdd.
Wangel	A beth wedyn?
Elida	Dwi ddim am yr esgus mod i'n wraig i rywun arall. Na chwaith nad oes gyda fi ddewis achos fydde hynny ddim yn benderfyniad go iawn.
Wangel	Penderfyniad, Elida? Dewis? Gyda pheth fel hyn?
Elida	Ie, mae'n rhaid i fi fod yn rhydd i ddewis rhwng y ddau ohonoch chi. Rhaid bo fi'n gallu ei adael i fynd … neu … fynd gydag e.
Wangel	Y'ch chi'n deall yr hyn y'ch chi'n ei ddweud? Mynd gyda fe? Rhoi eich bywyd yn ei ddwylo?
Elida	Na wnes i roi 'mywyd yn eich dwylo chi? Heb feddwl ddwywaith.
Wangel	Falle. Ond … mae e'n hollol ddierth. Chi braidd yn ei nabod.
Elida	Ro'n i'n gwybod llai fyth amdanoch chi. Ond es i 'da chi.
Wangel	Ond o leia roedd gyda chi ryw syniad pa fath o fywyd fydde'n eich disgwyl. Ond nawr, meddyliwch o ddifri. Beth y'ch chi'n ei wybod? Dim yw dim. 'Dych chi ddim hyd yn oed yn gwybod pwy yw e. Na beth yw e.
Elida	(Yn edrych yn syth o'i blaen) Mae hynny'n wir. Dyna'r peth arswydus.
Wangel	Ydi … mae e'n … arswydus.
Elida	Dyna pam dwi'n teimlo bod rhaid i fi ei neud.

Wangel	*(Yn edrych arni)* Am ei fod yn arswydus?
Elida	Ie, yn union.
Wangel	*(Yn dod yn nes)* Dwedwch Elida. Beth y'ch chi'n ei feddwl wrth 'arswydus'?
Elida	*(Yn fyfyriol)* Arswydus o hudolus.
Wangel	Hudolus?
Elida	Ie, gan fwya, dwi'n meddwl.
Wangel	*(Yn araf)* Elida, y'ch chi fel y môr.
Elida	Ac mae hynny'n arswydus hefyd.
Wangel	Y'ch chi'n hudolus ac yn arswydus.
Elida	Y'ch chi'n credu hynny Wangel?
Wangel	Dwi ddim wir wedi'ch adnabod – ddim yn iawn. Er gwaetha'r cyfan. Dwi'n dechre dod i weld hynny nawr.
Elida	A dyna pam mae'n rhaid i chi 'ngadael i'n rhydd. O bob dim sy'n 'y nghlymu. Nid fi oedd y fenyw i chi feddwl i chi ei hadnabod – y'ch chi'n gweld hynny nawr. A nawr gallwn wahanu fel ffrindie, yn ôl ein hewyllys ein hunain.
Wangel	*(Yn drist)* Falle mai dyna fydde orau i'r ddau ohonon ni. I wahanu … Ond alla i ddim. Rwy'n teimlo amdanoch chi fel ry'ch chi'n teimlo amdano fe. Chi'n llawn arswyd a hud i fi.
Elida	Ydw i?

Wangel	Gadewch i ni dreulio heddi'n ddoeth – yn dawel a synhwyrol. Feiddia i mo'ch gadael heddi – 'sdim hawl 'da fi. Er eich mwyn chi Elida, wi am ga'l yr hawl a'r ddyletswydd i'ch amddiffyn.
Elida	F'amddiffyn? Beth sy 'na i amddiffyn? 'Sdim byd yn 'y mygwth. Mae'n ddyfnach na hynny Wangel. Y peth arswydus yw'r teimlad sy'n fy nenu. A sut allwch chi ymladd hynny?
Wangel	Alla i'ch helpu i'w ymladd.
Elida	Os ydw i am.
Wangel	Nad y'ch chi?
Elida	Dw i ddim yn gwybod.
Wangel	Elida, heno, fydd raid i chi ddewis.
Elida	*(Yn emosiynol)* Ie, meddyliwch. Dewis – ynglŷn â gweddill fy mywyd.
Wangel	A beth am fory?
Elida	Ie, fory. Falle y bydda i wedi cefnu ar y dyfodol.
Wangel	Eich dyfodol?
Elida	Ie, oes gyfan o ryddid wedi mynd – i fi, a fe hefyd, efalle.
Wangel	*(Yn dawel gan gydio yn ei garddwrn)* Elida, y'ch chi'n caru'r dieithryn 'ma?
Elida	Ei garu? Fel alla i ddweud – beth rwy yn ei wybod yw mod i'n teimlo'r atyniad arswydus 'ma ac mai …
Wangel	Ie?

Elida	*(Yn rhyddhau ei hun)* Gyda fe wi'n perthyn – dwi'n teimlo.
Wangel	*(Yn plygu ei ben)* Wi'n dechre dod i ddeall o dipyn i beth.
Elida	Yna, sut allwch chi'n helpu? Pa gyngor allwch chi roi?
Wangel	*(Yn edrych yn drist arni)* Fory … fydd e wedi mynd. Bydd y perygl drosodd. Yna, fydda i'n rhoi'r hawl i chi fynd. Torri ein cyfamod, Elida.
Elida	Fory, Wangel. Ond fydd hynny'n rhy hwyr.
Wangel	*(Mae'n edrych tua'r ardd)* Y merched. Gadewch i ni gadw hyn rhag y merched. Am nawr o leia.

Arnholm, Bolette, Hilde, a Lyngstrand yn ymddangos yn yr ardd. Lyngstrand yn gadael. Y lleill yn dod i mewn i'r stafell.

Arnholm	A wel, ry'n ni wedi bod yn gwneud cynlluniau mawr.
Hilde	Ry'n ni'n mynd allan i'r ffiord heno 'ma a –
Bolette	Na, paid â dweud wrthyn nhw.
Wangel	Ry'n ni wedi bod yn gwneud cynlluniau hefyd.
Arnholm	Do, wir?
Wangel	Ma Elida yn mynd i Skjoldvik fory. Am newid bach.
Bolette	Mynd bant?
Arnholm	Syniad da, Mrs Wangel.
Wangel	Ma hi am fynd 'nôl gartre – 'nôl i olwg y môr.
Hilde	*(Yn llamu tuag at Elida)* Chi'n mynd bant? Ein gadael ni?

Elida	*(Yn cael ofn)* Hilde, beth sy'n bod?
Hilde	*(Yn rheoli ei hun)* O, dim byd. *(Yn dawel troi tu cefn oddi wrthi)* Wel, cerwch 'te, os chi eisie.
Bolette	*(Gyda gofid)* Tada – y'ch chi'n mynd 'fyd? I Skjoldvik. Alla i weld eich bod chi.
Wangel	Na, wrth gwrs nad ydw i. Wel, falle yr a' i yno, nawr ac yn y man tra –
Bolette	Ond fyddwch chi'n dod 'nôl 'ma?
Wangel	Wrth gwrs.
Bolette	Dod i'n gweld nawr ac yn y man – ie?
Wangel	Dyma fel y bydd hi, ma arna i ofn. *(Croesi'r stafell)*
Arnholm	*(Yn sibrwd)* Gewn ni air wedyn, Bolette.

Mae'n mynd draw at Wangel ac maen nhw'n siarad yn dawel wrth y drws.

Elida	*(Wrth Bolette)* Beth sy'n bod ar Hilde – mae'n edrych yn ddagreuol?
Bolette	Y'ch chi ddim wedi sylwi beth ma Hilde wedi crefu amdano o'r dechre?
Elida	Crefu amdano?
Bolette	Ers i chi ddod i'r tŷ 'ma?
Elida	Na. Beth?
Bolette	Un gair cynnes a charedig.
Elida	O, pe bydde 'na le i mi yn fan hyn.

Mae'n gwasgu ei dwylo ynghyd dros ei phen ac yn rhythu o'i blaen fel pe bai wedi ei rhwygo rhwng teimladau a meddyliau croes i'w gilydd. Daw Wangel ac Arnholm yn nes gan sibrwd. Mae Bolette yn mynd i stafell ochr, yn edrych i mewn ac yn agor y drws.

Bolette   Tada – mae cinio ar y ford pan ry'ch chi'n barod.

Wangel   *(Yn ailfeddiannu ei hunan)* Ydi – 'merch annwyl i. Da
               iawn. Chi yn gynta, Arnholm. Gadewch i ni fynd i
               yfed llwncdestun i'r 'fenyw ddaeth o'r môr'.

Ânt allan i'r dde.

Act Pump

Ym mhen pella gardd Dr Wangel ger y pwll pysgod. Mae'n gyfnos haf.
Mae Arnholm, Bolette, Lyngstrand a Hilde yn y cwch yn gwthio'u
hunain ymlaen gyda pholion ar hyd y lan i'r chwith.

Hilde   Drychwch. Allwn ni neidio i'r lan yn rhwydd o fan hyn.

Arnholm   Na, na, peidiwch!

Lyngstrand Alla i ddim â neidio, Miss Hilde.

Hilde   Beth amdanoch chi Mr Arnholm. Allwch chi?

Arnholm   Bydde'n well gen i beidio.

Bolette   Gadewch i ni lanio draw fanna ger y grisie cerrig.

Maen nhw'n gwthio eu hunain i'r chwith. Tua'r un pryd mae Ballested
yn ymddangos ar y llwybr i'r chwith gan gario taflenni cerddoriaeth
a chorn Ffrengig. Mae'n cyfarch y criw yn y cwch ac yn troi i siarad â
nhw. Mae eu hatebion i'w clywed yn bellach ac yn bellach i ffwrdd.

Ballested   Beth wedoch chi …? Ie, wrth gwrs mae e, ry'n ni'n
             canu'n iach â'r stemar. Ei hymweliad diwetha hi nawr,
             y flwyddyn 'ma … ond peidiwch â bod yn rhy hir os
             y'ch chi am fwynhau'r gerddoriaeth. *(Galw)* Beth?
             (Ysgwyd ei ben) Alla i ddim clywed beth chi'n ei weud.

Elida, gyda siôl dros ei phen yn dod i mewn, gyda Dr Wangel.

Wangel   Ond Elida annwyl, ma digon o amser gyda ni, wi'n
             addo.

Elida   Na, na, does 'na ddim. All gyrraedd unrhyw funud.

Ballested	(*O du allan i'r ffens*) Noswaith dda, doctor. Noswaith dda, Mrs Wangel.
Wangel	(*Yn sylwi arno*) O Ballested – oes cyngerdd i fod heno?
Ballested	Oes. Mae'r band pres yn mwynhau cadw sŵn. Mae gyda ni gymaint o bartïon adeg 'ma o'r flwyddyn. Heno, ry'n ni'n talu teyrnged i'r stemar.
Elida	Y stemar? Allwch chi ei gweld hi'n barod?
Ballested	Ddim 'to. Ond bydd hi'n sleifio rhwng yr ynysoedd. Dim byd yn y golwg a wedyn yn sydyn – bang, clatsh – dyna lle fydd hi!
Elida	Wela i.
Wangel	(*Yn hanner ei yngan i Elida*) Dyma'i thaith ola – fydd hi ddim 'nôl ar ôl heno.
Ballested	Ie, mae hynny'n drist on'd dyw e Dr Wangel? A dyna pam, fel y dywedes i, ry'n ni'n mynd i ganu serenâd. O ie,

'Bydd llawenydd yr haf wedi mynd cyn hir
A'r ffordd dan rew ar fôr a thir'

Elida	Ie … 'dan rew ar fôr a thir.'
Ballested	Rhyw syniad go drist. Ry'n ni wedi bod yn blant bach hapus yn yr haul am fisoedd. Mae'n anodd dygymod â'r tywyllwch – ar y dechre, ontife. Ond mae pobl yn medru dod i arfer â'r peth, Mrs Wangel. Cy…cynefino. Odyn wir.

Mae'n plygu pen ac yna'n mynd allan i'r chwith.

Elida	(*Yn edrych draw dros y ffiord*) O, hir, hir yw pob aros – mae'n annioddefol – cyn i fi orfod penderfynu.
Wangel	Y'ch chi'n dal yn benderfynol o siarad ag e – eich hunan?

Elida	Mae'n rhaid i fi. Rhaid i fi wneud y dewis o'm gwirfodd.
Wangel	Does dim dewis 'da chi Elida. Wna i ddim gadael i chi.
Elida	All neb fy rhwystro rhag dewis – allwch chi ddim. Na neb arall. Allwch chi rwystro fi rhag ei ddilyn – neu fynd – os mai dyna chi am wneud. Allwch chi gadw fi 'ma trwy rym, yn erbyn fy ewyllys. Ie, allwch chi wneud hynna. Ond allwch chi ddim rhwystro fi rhag dewis – drwy waed fy nghalon – ei ddewis e yn eich lle chi, os mai dyna 'nymuniad.
Wangel	Na, ry'ch chi'n iawn. Alla i ddim â rhwystro hynny.
Elida	A does gen i ddim byd i 'nghadw i 'ma. Dim yn y byd i'm dal 'nôl, Wangel. Sgen i ddim gwreiddiau yn eich cartre – dyw'r merched ddim yn perthyn i fi. Ddim yn eu calonnau – ddim erioed wedi … A phan â i ffwrdd – os af i – p'un ai gyda fe heno, neu allan i Skjoldvik fory, fydd gen i'r un allwedd i'w throsglwyddo, na chyfarwyddiadau i'w rhoi – ar ddim. Rwy'n hollol ddiwreiddiau yn eich tŷ. O'r dechre wi wedi bod fel dieithryn.
Wangel	Ond fel 'na roeddech chi am i bethe fod?
Elida	Na. Do'n i ddim am y naill beth na'r llall. Wnes i adael i bopeth aros yn union fel yr oedd e y dydd y des i. Chi oedd am iddi fod fel 'na, nid y fi.
Wangel	Ro'n i'n meddwl mai dyna fydde orau – i chi.
Elida	Ie, dwi'n gwybod. Ond y fath bris? Achos nawr does dim byd i'm cadw, dim i'm helpu, dim byd i roi nerth i fi. 'Sdim byd i 'nghlymu i 'ma i'r pethe ddyle fod yn hollbwysig i ni.

Wangel	Dwi'n sylweddoli 'na Elida. A dyna pam o fory mla'n, gewch chi eich rhyddid yn ôl. A gallwch fyw eich bywyd.
Elida	'Y mywyd i? Roedd 'y mywyd go iawn i drosodd y foment y gytunes i'w rannu â chi. A nawr, ymhen hanner awr, fydd e'n dod i gynnig i fi y siawns ola i fyw 'mywyd go iawn – y dyn y dylwn fod wedi bod yn ffyddlon iddo fe, fel roedd e i fi. Alla i ddim â cholli'r cyfle – y bywyd sy'n llawn arswyd a hud – alla i ddim. Na, na, alla i ddim.
Wangel	A dyna pam y dyle'ch gŵr – a'ch doctor hefyd – fynd â'r dewis oddi wrtho chi – gweithredu ar eich rhan.
Elida	Ie Wangel, wi'n gweld hynny. A chredwch fi, dwi weithie'n meddwl mor braf fydde fe i bwyso arnoch chi – ac anwybyddu'r pethe sy'n rhoi braw neu'n fy hudo. Ond alla i ddim. Alla i ddim.
Wangel	Elida, gadewch i ni fynd am dro.
Elida	Leiciwn i, ond wedodd e y dylwn aros amdano yn y fan hon.
Wangel	Dewch, wir. Mae hen ddigon o amser o hyd.
Elida	Y'ch chi'n siŵr?
Wangel	Ydw. Digonedd.
Elida	Dim ond ychydig o gamau, 'te.

Maen nhw'n mynd allan i'r dde fel y mae Arnholm a Bolette yn ymddangos ar ochr uchaf y lan ger y pwll.

Bolette	*(Yn sylwi arnynt)* Drychwch draw fanna!

Arnholm	*(Yn dawel)* Sh – gadewch iddyn nhw fynd.
Bolette	*(Yn dawel)* Oes syniad 'da chi be sy wedi bod yn mynd mla'n rhwng y ddau y dyddie dwetha 'ma?
Arnholm	Chi wedi sylwi ar unrhyw beth?
Bolette	Wrth gwrs.
Arnholm	Rhywbeth yn arbennig?
Bolette	Sawl peth. Smo chi?
Arnholm	Wel dwi ddim yn gwybod.
Bolette	Wrth gwrs eich bod chi – ddim yn lico ei gyfadde y'ch chi.
Arnholm	Wi'n meddwl y bydde'n gwneud lles i'ch llysfam fynd i ffwrdd am ychydig.
Bolette	Y'ch chi?
Arnholm	Ie, dwi'n meddwl y bydde'n gwneud lles i bawb tase hi'n mynd nawr ac yn y man.
Bolette	Os eiff hi gartre i Skjoldvik fory – ddaw hi ddim 'nôl byth wedyn aton ni.
Arnholm	Bolette – be sy'n gwneud i chi feddwl hynny?
Bolette	Wi'n llygad y'n lle. Gewch chi weld. Ddaw hi ddim 'nôl – o leia tra bo Hilde a finne 'ma.
Arnholm	Hilde hefyd?
Bolette	Wel, falle y bydd 'na'n iawn 'da Hilde. Mae hi'n dal yn blentyn – ac yn blentynnaidd! Yn dawel bach, wi'n credu ei bod hi'n dwlu ar Elida. Ond, chi'n gwybod, ma'n wahanol i fi – llysfam sy ddim llawer yn hŷn na fi.

109

Arnholm	Wel, Bolette annwyl, fydd hi ddim yn hir cyn y bydd gyda chi'r cyfle i adael cartre.
Bolette	*(Yn eiddgar)* Chi'n meddwl 'ny? Chi 'di siarad â Tada?
Arnholm	Wel, ar hyn o bryd, mae ganddo fe bethe eraill ar ei feddwl.
Bolette	Be wedes i?
Arnholm	Ond fe wnes i ddeall gymaint â hyn – allwch chi ddim disgwyl rhyw lawer oddi wrtho.
Bolette	Na?
Arnholm	Ddwedodd e wrtha i am ei gyfrifon a bydde rhywbeth fel 'na'n amhosib.
Bolette	*(Yn edliw)* Ac ry'ch chi'n gwneud sbort am fy mhen i?
Arnholm	Dwi ddim yn gwneud sbort am eich pen, Bolette. Mae e lan i chi.
Bolette	Beth sy lan i fi?
Arnholm	P'un ai i chi'n mynd allan i'r byd mawr neu beidio. Dysgu'r holl bethe – gwneud yr holl bethe ry'ch chi wedi breuddwydio am eu gwneud. Byw mewn byd mwy heulog. Wel beth chi'n ei ddweud, Bolette?
Bolette	*(Yn gwasgu ei dwylo)* Y nefoedd sy'n gwybod – allwn i ddim. Os gall Tada mo'n helpu, 'sda fi neb arall i droi ato.
Arnholm	Allech chi ddim â derbyn help llaw oddi wrth eich hen – ym, cyn diwtor?
Bolette	Oddi wrtho chi Mr Arnholm? Chi'n barod i –

Arnholm	I'ch helpu. Ydw. Yn llawen. A nid dim ond mewn gair ond mewn gweithred, allwch chi ddibynnu ar hynny. Wnewch chi dderbyn? Cytuno?
Bolette	Cytuno? I adael fan hyn a gweld y byd, i ddysgu pethe pwysig – a'r holl bethe ro'n i wastad 'di meddwl o'dd yn amhosib …
Arnholm	Ie, a nawr gallwch droi'r pethe yna'n realiti.
Bolette	A byddech chi'n rhoi'r hapusrwydd 'na i fi. Ond na … sut alla i dderbyn gymaint oddi wrth rywun dierth?
Arnholm	Allwch chi ei dderbyn wrtha i, Bolette. Allwch chi dderbyn unrhyw beth oddi wrtha i.
Bolette	(Yn cydio yn ei ddwylo) Ydw, wi'n meddwl y galla i. Wn i ddim shwd ond … (Yna'n llawenhau) O – allwn i lefen, wi mor hapus. Wi'n mynd i ga'l bywyd wedi'r cwbwl. Ro'n i wedi dechre meddwl y bydde bywyd yn hedfan heibio i fi.
Arnholm	'Sdim rhaid i chi boeni am hynny Bolette. Ond dwedwch yn onest wrtha i – oes 'na rywbeth sy'n eich clymu at y lle 'ma?
Bolette	Clymu? Na, dim byd o gwbwl.
Arnholm	Dim o gwbl?
Bolette	Na, dim byd o gwbwl. Er wrth gwrs dwi ynghlwm wrth Tada, ma'n debyg. A Hilde ond …
Arnholm	Wel bydd raid i chi adael eich tad ryw ddiwrnod, ac un dydd bydd Hilde hefyd am fyw ei bywyd – mater o amser, 'na'i gyd. Ond heblaw am hynny, 'sdim byd i gadw chi 'ma? Dim ymrwymiad o unrhyw fath?

Bolette	Na, 'sdim byd o gwbl. Allwn i adael ta pryd wi'n mo'yn.
Arnholm	Os hynny Bolette – gewch chi ddod i ffwrdd gyda fi.
Bolette	*(Yn curo ei dwylo)* Hawyr bach, mae hynna'n fendigedig!
Arnholm	Gobeithio eich bod yn rhoi eich ffydd yndda i?
Bolette	Wrth gwrs 'mod i.
Arnholm	Felly, allwch chi roi eich ffydd yndda i 'da'ch dyfodol, Bolette? Chi yn teimlo hynny, on'd dy'ch chi?
Bolette	Ond wrth gwrs – pam na fyddwn i? Shwt allwch chi fy amau i? Fy hen diwtor – 'y nhiwtor bore oes, dwi'n meddwl.
Arnholm	Nid dim ond oherwydd hynny. Dyw hynny ddim o bwys rhagor. Ond wel, gan eich bod yn rhydd, heb unrhyw glymau, leiciwn i ofyn i chi – uno gyda mi – am oes?
Bolette	*(Yn cael braw)* O, beth y'ch chi'n ei weud?
Arnholm	Uno, uniad am byth, Bolette? Wnewch chi fod yn wraig i fi?
Bolette	*(Bron wrthi hi ei hun)* Na, na. Allwn i ddim. Ma 'na'n amhosib …
Arnholm	Amhosib? Ydy e?
Bolette	Ond Mr Arnholm, 'so chi wir yn meddwl 'ny? *(Edrych arno).* Neu ai dyna o'ch chi'n ei feddwl – pan gynigoch chi neud cyment drosta i?
Arnholm	Bolette, gwrandwch am eiliad. Dwi'n gwybod bod hyn wedi dod fel sioc.

Bolette	Wrth gwrs ei fod e. Rhywbeth fel 'na … wrthoch chi?
Arnholm	Efallai eich bod chi'n iawn. Doeddech chi ddim i wybod. Sut allech chi wybod – i mi ddod 'ma er eich mwyn chi.
Bolette	Er fy mwyn i?
Arnholm	Ie Bolette, dyna wnes i. Yn y gwanwyn ges i lythyr wrth eich tad, ac roedd un sylw yn gwneud i mi feddwl – h'm – bod eich atgofion am eich hen diwtor – wel, yn fwy na bod yn gyfeillgar.
Bolette	Sut alle Tada sgrifennu rhwbeth fel 'na?
Arnholm	Nid dyna oedd e'n ei feddwl. Ond yn y cyfamser ro'n i wedi dechre dod yn gyfarwydd 'da'r syniad o ferch ifanc yn hiraethu amdana i – na, Bolette, gadewch i fi orffen – a chi'n gweld, pan yw dyn fel fi – wel ddim yn mynd yn iau, rhywbeth fel 'na, hyd yn oed os yw'n gamgymeriad, mae'n gwneud argraff fawr. A felly, ddechreues i feddwl – wel do, ymserchu'n llwyr ynoch chi.
Bolette	Ond nawr, a chi'n gwybod nad yw hi fel 'na o gwbl – a'i fod yn gamsyniad?
Arnholm	Dyw e ddim yn newid dim, Bolette. Bydd y darlun sy gen i ohonoch chi wedi ei liwio a'i gyfoethogi gyda'r hyn feddylies i bryd hynny. Dwi ddim yn disgwyl i chi ddeall ond dyna'r gwir.
Bolette	Wnes i fyth feddwl y galle pethe fel hyn ddigwydd.
Arnholm	Ond nawr y'ch chi'n gweld eu bod nhw, beth y'ch chi'n ei ddweud Bolette. Allech chi gytuno i fod yn wraig i fi?

113

Bolette	Ond Mr Arnholm, mae 'na'n hollol amhosib. Chi o'dd fy hen diwtor. Alla i ddim â meddwl amdanoch mewn unrhyw ffordd arall.
Arnholm	O'r gore, te … os y'ch chi'n meddwl na allwch … mae'r sefyllfa'r un fath, Bolette.
Bolette	Beth y'ch chi'n ei feddwl?
Arnholm	Fe wna i yr hyn addawes i. Fe wna i'n siŵr y cewch fynd o 'ma, ac allan i'r byd. Gewch chi ddysgu'r pethe ry'ch chi wedi dyheu am eu dysgu, byw eich bywyd eich hunan, Bolette – gyda chefnogaeth a chynhaliaeth. Ac mi wna i'n siŵr bod 'na ddarpariaeth ar eich cyfer yn y dyfodol. Bydd 'da chi ffrind da a ffyddlon – gallwch ddibynnu ar hynny.
Bolette	Ond mawredd shwd beth, Mr Arnholm, mae 'na'n amhosib nawr.
Arnholm	Ydy *hynna'n* amhosib hefyd?
Bolette	Odi, ma'n rhaid eich bod yn gallu gweld 'ny. Ar ôl popeth y'ch chi wedi ei weud wrtha i a'r ffordd wnes i ateb … O ma'n rhaid ichi weld na allwn ni ddim cymryd gymaint – na alla i dderbyn dim byd wrthoch chi – ddim ar ôl hyn.
Arnholm	Felly bydde'n well gyda chi aros gartre a gweld y byd yn llithro heibio?
Bolette	O, bydde 'ny'n lladdfa.
Arnholm	Y'ch chi ddim am ddysgu mwy am y byd y tu allan? Rhoi'r gorau i'r pethe y'ch chi wedi breuddwydio amdanyn nhw? Gwybod bod gan fywyd gymaint i'w gynnig? Ond heb ymwneud ag e o gwbl? Meddyliwch yn ofalus, Bolette.

Bolette	O, Mr Arnholm, dwi'n gwybod eich bod chi'n iawn.
Arnholm	Ac yna, pan nad yw'ch tad gyda ni mwyach, fyddwch chi'n ddiymadferth ac ar eich pen eich hunan. Falle y bydd raid i chi roi eich hunan i ddyn arall – un nad y'ch chi hyd yn oed yn hoff ohono.
Bolette	Y'ch chi'n iawn. Alla i ddeall 'ny. Hollol iawn. A wedyn ...
Arnholm	*(Yn gyflym)* Beth?
Bolette	*(Yn edrych arno'n betrus)* Wel falle nad yw e'n amhosib wedi'r cwbwl.
Arnholm	Beth Bolette?
Bolette	Y gallwn i falle – gytuno – i'r hyn sy 'da chi'i gynnig.
Arnholm	Y'ch chi'n meddwl falle y gallech chi ... Y gallech chi o leia ... adael i mi eich helpu fel ffrind?
Bolette	Na, nid hynna. Bydde 'na'n amhosib nawr. Na, Mr Arnholm, fydde'n well gen i ddod atoch fel ...
Arnholm	O Bolette, wnewch chi?
Bolette	Ie, dwi'n meddwl y gwna i.
Arnholm	Dod yn wraig i fi?
Bolette	Ie, os y'ch chi'n dal i deimlo – eich bod am 'y nghael.
Arnholm	Os wi'n teimlo ... *(Cymryd ei llaw)* O Bolette, diolch, diolch. Popeth ry'ch chi wedi ei ddweud am yr amheuon – dy'n nhw ddim yn fy mlino i. Hyd yn oed os nad y'ch chi'n fy ngharu i nawr, mi wna i'ch ennill. O Bolette, fydda i'n edrych ar eich ôl yn dda.

Bolette	Ac mi wela i'r byd? A byw ynddo? Dyna'ch addewid?
Arnholm	Ar fy ngair.
Bolette	A ga i ddysgu'r holl bethe dwi eisie?
Arnholm	Fyddai'n diwtor i chi Bolette, fel o'r blaen. Chi'n cofio'r flwyddyn ola ...?
Bolette	*(Yn dawel a meddylgar)* O, i feddwl – ca'l bod yn rhydd, mynd mas, teithio'r byd. A ddim yn gorfod poeni am y dyfodol, na becso am arian.
Arnholm	Na, fydd dim raid i chi feddwl ddwywaith am bethe fel 'na. Ac mae hynny'n beth da, on'd dyw e Bolette annwyl?
Bolette	Odi glei.
Arnholm	*(Yn rhoi ei law o'i chwmpas)* O, gewch chi weld pa mor ddedwydd fyddwn ni 'da'n gilydd a pha mor hapus y byddwn ni, Bolette.
Bolette	Ie, dwi'n dechre meddwl – dechre credu – y byddwn ni. *(Edrych i'r dde ac yna'n frysiog yn rhyddhau ei hunan).* O, dim gair arall.
Arnholm	Beth sy'n bod cariad?
Bolette	O fe – druan bach. *(Pwyntio)* Drychwch.
Arnholm	Eich tad?
Bolette	Na'r cerflunydd 'na. Sy'n cerdded 'da Hilde.
Arnholm	O ie, Lyngstrand. Beth sy'n bod arno?
Bolette	Wel, chi'n gwybod pa mor wannaidd yw e.
Arnholm	Os nad yw e'n ei ddychmyg.

Bolette	Na, mae e'n diodde. Ddim yn mynd i fyw'n hir. Er, falle mai da o beth yw hynny.
Arnholm	Pam 'da o beth'?
Bolette	Wel achos ei ddawn e – ddaw e i fawr o ddim, ta beth. Gadewch i ni fynd cyn iddyn nhw gyrraedd.
Arnholm	O'r gore, 'nghariad!

Aiff e a Bolette allan i'r chwith.

Lyngstrand	*(Y rhoi chwerthiniad bach)* On'd dyw e'n hyfryd – pawb mewn parau'r dyddie 'ma, yn ddau a dau.
Hilde	*(Yn edrych arnynt yn mynd)* Fentra i ei fod e wedi cynnig ei phriodi.
Lyngstrand	O, y'ch chi wedi sylwi ar unrhyw beth?
Hilde	Mae'n weddol amlwg – o gadw'ch llyged ar agor.
Lyngstrand	Ond fydd Miss Bolette ddim am dderbyn – dwi'n siŵr o hynny.
Hilde	Na, mae hi'n meddwl ei fod e'n rhy hen, a mae e'n dechre colli ei wallt.
Lyngstrand	Ond heblaw hynny. Bydde hi ddim yn ei dderbyn, 'ta beth.
Hilde	Shwt y'ch chi'n gwbod?
Lyngstrand	Wel am ei bod hi wedi addo meddwl am rywun arall.
Hilde	Dim ond addo meddwl?
Lyngstrand	Tra ei fod e i ffwrdd.
Hilde	Rhaid mai chi yw e 'te?

Lyngstrand   Falle.

Hilde   Wna'th hi addo?

Lyngstrand   Do. Meddyliwch. Fe wnaeth hi addo y byddai. Ond
             rhaid i chi beidio â dangos eich bod yn gwybod.

Hilde   Wrth gwrs na wna i. Alla i ddala 'nhafod.

Lyngstrand   Dyna garedig ohoni ontife?

Hilde   A phan ddowch chi 'nôl, y'ch chi'n mynd i ddyweddïo?
             Priodi?

Lyngstrand   Dwi ddim yn meddwl hynny. Ddim am rai
             blynyddoedd. A wedyn, pan fydda i wedi gwella, ac yn
             gyfoethog, wel, falle y bydd hi'n rhy hen i fi?

Hilde   Ond ry'ch chi wedi gofyn iddi feddwl amdanoch chi?

Lyngstrand   Ie, fydd hynny o help i fi. Fel artist, chi'n deall. A
             bydd e'n rhywbeth hawdd iddi hi wneud gan nad oes
             galwedigaeth 'da hi. Ac mae hynny'n garedig ohoni,
             chware teg.

Hilde   A chi'n meddwl y byddwch chi'n gallu neud
             cerfluniau'n rhwydd os y'ch chi'n gwybod bod Bolette
             fan yma, yn meddwl amdanoch chi?

Lyngstrand   Ie, dwi'n meddwl hynny. Bydde gwybod yn dawel bach
             bod 'na ferch ifanc hyfryd yn breuddwydio amdana i
             … dwi'n meddwl y bydde hynny'n sobr o … wn i ddim
             beth i'w alw –

Hilde   Cyffrous?

Lyngstrand   Ie. Rhywbeth fel 'na. (Yn edrych arni am eiliad) Ry'ch
             chi mor glyfar Hilde. Ie, dwi'n meddwl eich bod yn

glyfar iawn. A pan ddo' i 'nôl eto fyddwch chi tua'r
oed y mae Bolette nawr – a mwy na thebyg y byddwch
yn edrych yn debyg i'r ffordd y mae hi'n edrych nawr.
Falle y byddwch wedi aeddfedu fel hi hefyd. Fel 'se chi
a hi yn un – chi'n 'y neall i?

Hilde   Fyddech chi'n falch o hynny?

Lyngstrand Dwi ddim yn siŵr iawn … Ie, dwi'n meddwl falle y
byddwn i. Ond nawr – am yr haf 'ma – dwi eisie i chi
fod yn 'chi'. Fel yr y'ch chi.

Hilde   Chi'n leicio fi yn gwmws fel ydw i?

Lyngstrand Ydw rwy'n eich leicio chi fel 'na yn fawr iawn.

Hilde   H'm. Os hynny, gwedwch wrtha i fel artist, y'ch chi'n
meddwl ei fod yn iawn 'mod i'n gwisgo'r ffrogie haf
lliwie gole 'ma drwy'r amser?

Lyngstrand Maen nhw'n berffaith.

Hilde   Chi'n meddwl fod y lliwie gole 'ma'n edrych yn dda
arna i?

Lyngstrand Gymaint â dwi'n ei ddeall, maen nhw'n gweddu i chi'n
hyfryd.

Hilde   Ond gwedwch – fel artist – fel chi'n meddwl fydden i'n
edrych mewn du.

Lyngstrand Du, Miss Hilde?

Hilde   Ie, dim ond du.

Lyngstrand Wel, dyw du ddim yn gweddu i'r haf. Er, dwi'n siŵr
y byddech chi'n edrych yn wych mewn du hefyd. Yn
enwedig gyda chorff fel sy 'da chi.

Hilde	*(Yn edrych yn syth o'i blaen)* Du – reit lan i'r gwddwg … lês du, menig du … a feil hir yn hongian o'r tu ôl i fi.
Lyngstrand	'Se chi'n gwisgo fel 'na Miss Hilde, byddwn i am fod yn beintiwr … a'ch peintio fel gweddw ifanc mewn galar.
Hilde	Neu un sy 'di dyweddïo – a mewn galar?
Lyngstrand	Gwell fyth. Ond dy'ch chi ddim am wisgo fel 'na, does bosib?
Hilde	Sai'n gwbod. Meddwl y bydde'n gyffrous.
Lyngstrand	Beth? Cyffrous?
Hilde	Ie, i feddwl amdano, ie. *(Yn sydyn mae'n pwyntio i'r chwith)*. O drychwch!
Lyngstrand	*(Yn edrych)* Y stemar – mae'n dod mewn.

Mae Wangel ac Elida yn pasio heibio i'r pwll.

Wangel	Na, Elida fach, dwi'n siŵr eich bod chi'n camsynied. *(Gweld y lleill)* Wel helo chi'ch dau. Mr Lyngstrand, ie? Dyw hi ddim i'w gweld 'to ydy hi?
Lyngstrand	Y stemar fawr?
Wangel	Ie.
Lyngstrand	*(Yn pwyntio)* Dyna hi, doctor.
Elida	Ro'n i'n gwybod.
Wangel	Yn barod?
Lyngstrand	Fel lleidr yn y nos, fel maen nhw'n ei ddweud – yn dawel, dawel, heb swnyn.

Wangel	Pam nad ewch chi a Hilde lawr i'r cei? A gwell i chi hastu – fydd hi eisie clywed y gerddoriaeth.
Lyngstrand	Ar ein ffordd oe'n ni nawr.
Wangel	Ddown ni lawr – mewn munud neu ddwy.
Hilde	*(Yn sibrwd gyda Lyngstrand)* Yn ddau a dau!

Mae Lynstrand a Hilde yn mynd allan drwy'r ardd. Gellir clywed cerddoriaeth o bellter, o'r ffiord.

Elida	Mae e wedi dod! Ie, mae e 'ma, alla i – ei deimlo.
Wangel	Bydde'n well i chi fynd i'r tŷ Elida. Gadewch i fi siarad â fe ar 'y mhen fy hunan.
Elida	Na, na – mae hynna'n amhosib, wi wedi dweud wrtho chi. *(Codi llais)* Drychwch Wangel, chi'n gweld …

Daw'r Dieithryn i mewn o'r chwith a stopio ar y llwybr troed tu allan i'r ffens.

Dieithryn	*(Yn plygu pen)* Noswaith dda, Elida. Rwy wedi dod.
Elida	Do. Daeth yr awr.
Dieithryn	Yn barod i adael?
Wangel	Allwch chi weld yn glir nad yw hi!
Dieithryn	Dwi ddim yn cyfeirio at ddillad teithio na'r un cês. Mae popeth sy eisie ar gyfer y daith ar y llong. Dwi wedi cael caban iddi. *(Wrth Elida)* Beth dwi'n feddwl yw, wyt ti'n barod i ddod 'da fi – o'th wirfodd?
Elida	Peidiwch â gofyn. Peidiwch â 'nhemtio.

Clywn gloch llong yn y pellter.

Dieithryn	Dyna'r gloch gynta. Nawr bydd raid gwneud penderfyniad – ie neu nage.
Elida	(Yn gwasgu ei dwylo ynghyd) Penderfynu unwaith ac am byth. A byth i newid fy meddwl na difaru.
Dieithryn	Byth bythoedd. Ymhen hanner awr bydd hi'n rhy hwyr.
Elida	(Yn edrych yn swil ac ymchwilgar arno) Pam y'ch chi'n dala'ch gafael arna i mor dynn?
Dieithryn	Ni'n perthyn i'n gilydd. Wyt ti ddim yn ei deimlo hefyd?
Elida	Am i ni wneud llw?
Dieithryn	Dyw llw ddim yn clymu neb. Dyn na menyw. Os wi'n glynu'n dynn – mae e am na alla i wneud fel arall.
Elida	(Yn dawel, crynu) Pam peidio â dod ynghynt?
Wangel	Elida!
Elida	(Yn gweiddi allan) Beth yw'r grym 'ma, sy'n 'yn llusgo i, 'nhemtio i'r anwybod? Mae e fel y môr ei hunan.

Y Dieithryn yn dringo dros y ffens.

Elida	(Gan gamu yn ôl at Wangel) Beth – beth y'ch chi'n mo'yn?
Dieithryn	Alla i ei weld a'i glywed e – yn dy lais. Fy newis i wnei di'n y diwedd, Elida, ontife?
Wangel	(Yn mynd tuag ato) 'Sdim cwestiwn o ddewis gan 'y ngwraig. Dwi 'ma i ddewis drosti a'i hamddiffyn – ie, ei hamddiffyn. Os na ewch chi a pheidio â dod 'nôl byth, chi'n gwybod beth fydd yn digwydd on'd dych chi?
Elida	O, Wangel – na. Peidiwch.
Dieithryn	A beth wnewch chi i fi?

Wangel	Gaf i chi wedi'ch arestio – fel troseddwr – nawr, fan hyn, a chyn i chi fynd 'nôl i'r llong. Dwi'n gwybod popeth am y llofruddiaeth yn Skjoldvik.
Elida	O, Wangel, sut allwch chi?
Dieithryn	Ro'n i'n disgwyl hyn, a felly *(Mae'n tynnu dryll o'i boced)* ddes i â hwn.
Elida	Na, na, peidiwch â'i saethu. Saethwch fi yn lle hynny.
Dieithryn	'Sdim eisie poeni. Wna i ddim saethu'r un ohonoch chi. Ar fy nghyfer i ma hwn. I fi gael byw a marw'n ddyn rhydd.
Elida	*(Yn fwy emosiynol)* Wangel – mae'n rhaid i fi ddweud rhywbeth, a dwi eisie iddo'i glywed. Allwch chi gadw fi 'ma, wrth gwrs – mae gyda chi'r grym a'r hawl a thebyg mai dyna chi am ei wneud. Ond fy meddwl – fy mreuddwydion a'm dyheadau – allwch chi mo'u rheoli nhw. Maen nhw'n mynnu llifo … i'r anwybod … fy nghartre naturiol … yr un y'ch chi wedi fy nghloi allan ohono.
Wangel	*(Yn ddwys a thawel)* Dwi'n gwybod hynny Elida. Gam wrth gam, ry'ch chi'n llithro oddi wrtha i. Mae'r dyhead 'ma am yr anfeidrol, y diderfyn, a'r anghyraeddadwy – bydd yn eich taflu i'r tywyllwch yn y diwedd.
Elida	Dwi'n gwybod hynny. Alla i ei deimlo. Fel adenydd du, distaw uwch fy mhen.
Wangel	'Sdim raid iddi ddod i hynny. Ond does 'na ddim ffordd arall o'ch achub chi, hyd y gwela i. A felly, rwy am ddileu'r fargen wnaethon ni, nawr ac am byth. Ry'ch chi'n rhydd i ddewis eich llwybr eich hunan. Hollol rydd.

Elida	*(Yn rhythu arno am dipyn yn fud)* Ydy hynna'n wir? Ydy e'n wir be chi'n ei ddweud? Y'ch chi'n ei feddwl o waelod calon?
Wangel	Ydw – gyda chalon drom iawn.
Elida	Ond allwch chi ei weithredu? Allwch chi ganiatáu i hyn ddigwydd?
Wangel	Galla – a galla i am 'y mod yn eich caru'n angerddol.
Elida	*(Yn dawel gan grynu)* Ydw i'n golygu gymaint â hynny i chi?
Wangel	Ma'r blynyddoedd gyda'n gilydd wedi gwneud hynny.
Elida	*(Yn gwasgu ei dwylo ynghyd)* Ac eto, wnes i mo'i weld na sylwi arno.
Wangel	Roedd eich meddylie chi'n rhywle arall. Ond nawr – rwy'n eich rhyddhau. Oddi wrtha i. Nawr gallwch wneud o'ch bywyd yr hyn ddyle fe fod. Allwch chi ddewis, gyda'ch ewyllys eich hunan. A chi fydd yn gyfrifol am eich gweithredoedd Elida.
Elida	*(Yn rhythu ar Wangel gyda'i dwylo'n gwasgu ei phen)* Ewyllys fy hunan. A chyfrifoldeb. Cyfrifoldeb hefyd. Mae hynna'n newid popeth.

Cloch y llong yn canu'r eilwaith.

Dieithryn	Elida – y gloch ola. Dere gyda fi.
Elida	*(Yn troi ato ac yn edrych i'w wyneb)* Alla i byth â dod nawr.
Dieithryn	Ddim yn gallu?
Elida	*(Yn glynu at Wangel)* O Wangel, wna i byth eich gadael chi nawr.

Wangel	Elida. Elida?
Dieithryn	Mae e drosodd, 'te?
Elida	Ydi, am byth.
Dieithryn	Wela i. Mae 'na rywbeth cryfach yma na'n ewyllys i.
Elida	'Sdim gafael gyda'ch ewyllys drosta i ragor. Chi fel morwr a foddodd yn dod adre o'r môr ac yna'n mynd yn ôl iddo. 'Sda fi ddim o'ch ofn bellach, a wi ddim yn teimlo tynfa atoch chi chwaith.
Dieithryn	Ffarwél Mrs Wangel. *(Neidio dros y ffens)* O hyn allan, 'dych chi'n ddim byd i fi ond – llong a ddrylliodd ar graig yn y nos.

Mae'n gadael.

Wangel	*(Yn edrych arni am dipyn)* Elida, y'ch chi fel y môr. Yn ddi-ddal fel llanw a thrai. Beth wnaeth i chi newid?
Elida	Allwch chi ddim gweld? Daeth y newid – ac roedd yn rhaid iddo ddigwydd – pan ges i fod yn rhydd i ddewis.
Wangel	A'r anwybod? 'Sdim ynddo i'ch denu rhagor?
Elida	Dim rhyfeddod nac arswyd chwaith. Allwn i fod wedi ei ddewis a bod yn rhan ohono – 'tawn i wedi ei ddewis. Ond o gael y dewis, gallwn hefyd ei wrthod.
Wangel	Yn raddol bach, wi'n dod i ddeall. Ry'ch chi'n meddwl ac yn rhesymu mewn delweddau, mewn lluniau byw. Y dyhead 'na oedd gyda chi – yn crefu am y môr, a'r atyniad at y dyn 'na oedd gyda chi – dim ond mynegiant oedd e o'r awydd cynyddol am ryddid. Dyna i gyd. Cael bod yn rhydd.

Elida	O, dwn i ddim beth i ddweud. Ond ry'ch chi wedi bod yn ddoctor da. Dod o hyd i'r moddion iawn a mentro'i ddefnyddio – yr unig un fyddai wedi 'ngwella.
Wangel	Wel mewn achosion difrifol, mae eisie mentro. Ond nawr, Elida, fe ddewch 'nôl ata i?
Elida	Dof, Wangel, fy annwyl, ffyddlon Wangel – dof wir. Achos nawr alla i ddod atoch chi o'm gwirfodd ... wedi dewis gyda'm hewyllys fy hunan – ac yn gyfrifol am fy ngweithredoedd.
Wangel	*(Yn edrych yn gariadus arni)* Elida. Elida. I feddwl fod gyda ni nawr y cyfle i fyw gyda'n gilydd.
Elida	A rhannu bywyd go iawn – eich bywyd chi fel 'y mywyd inne.
Wangel	Ie, ie.
Elida	A'n merched ni, Wangel?
Wangel	Ni?
Elida	Dy'n nhw ddim eto'n perthyn i fi – ond mi wna i ennill eu calonnau nhw.
Wangel	Ein merched ni. *(Mae'n cusanu ei dwylo'n llawen ac yn chwim)* O, gredech chi ddim pa mor hapus ydw i o glywed 'na.

Hilde, Ballested, Lyngstrand, Arnholm, a Bolette yn dod i mewn i'r ardd. Ar yr un pryd, mae nifer o bobl y dref a'r ymwelwyr yn ymddangos ar y llwybr troed.

Hilde	*(Yn gwneud sylw tawel wrth Lyngstrad)* Drychwch arnyn nhw, fel cwpwl wedi dyweddïo.

Ballested	*(Sydd wedi clywed hyn)* Mae'n haf o hyd, lodes lân!
Arnholm	*(Yn edrych ar Wangel ac Elida)* Mae'r stemar yn gadael.
Bolette	*(Yn mynd at y ffens)* Dyma'r fan orau i'w gweld yn mynd.
Lyngstrand	Taith ola'r tymor!
Ballested	Cyn hir bydd y rhodfeydd dan yr iâ, fel y dwedodd y bardd. Mor drist, Mrs Wangel. A nawr ry'n ni'n eich colli chi hefyd am dipyn. Deall eich bod yn mynd i Skjoldvik fory?
Wangel	Na, dyw hi ddim yn mynd nawr. Fe newidion ni'n meddylie heno 'ma. Y ddau ohonon ni.
Arnholm	*(Yn edrych o un i'r llall)* Go iawn?
Bolette	*(Yn dod ymlaen)* Tada – ody 'na'n wir?
Hilde	*(Yn mynd tuag at Elida)* Y'ch chi'n mynd i aros 'da ni wedi'r cwbwl?
Elida	Ydw, Hilde, nghariad i … os y'ch chi'n fodlon?
Hilde	*(Yn ymladd rhwng dagrau a llawenydd)* Os wi'n fodlon? O – ond wrth gwrs!
Arnholm	*(Wrth Elida)* Mae hyn yn dipyn o syndod.
Elida	*(Yn gwenu'n frwd)* Wel, chi'n gweld Mr Arnholm, chi'n cofio be wnaethon ni ei drafod ddoe? Unwaith mae anifail wedi bodloni ar y tir, all e ddim ffeindio'i ffordd yn ôl i'r môr.
Ballested	Ie wel, mae hynna fel fy môr-forwyn i.
Elida	Ie, mae e – on'd dyw e?

Ballested	Er, mae'r fôr-forwyn yn trengi yn y pen draw. All pobl ar y llaw arall gy...gynefino, addasu.
Elida	Gallan, fe allan nhw, os ydyn nhw'n rhydd, Mr Ballested.
Wangel	Ac yn gyfrifol am eu gweithredoedd.
Elida	*(Yn sydyn gan estyn ei llaw)* Ie, dyna'r gyfrinach.

Mae'r stemar yn llithro'n dawel allan o'r ffiord. Clywir cerddoriaeth yn agosach at y lan.